초절정 고수를 위한

운명과 힐링 시크릿

신영호 지음

머리말

본인이 운명과 힐링을 공부하면서 알게 모르게 체득한 내용을 여기에 간략하게 소개한다. 물론 여기에 서술된 내용은 본인이 직·간접적으로 경험하고 배우고 실증한 내용을 토대로 한 것이다. 부디 본서의 내용을 잘 활용하여 독자제현들의 인생과 지인(知人)들의 삶에 한 줄기 서광(瑞光)이 깃들기를 희망해 본다. 필요하다면 연필이나 형광펜으로 책의 내용에 가필하거나 표시해 가면서 공부하면 도움이 클 것이다. 그리고 본서를 부디 악용하거나 오용하는 일이 없기를 부탁드리는 바이다.

본서를 출판해 주신 김 응수 공감북스 출판사 사장님께 감사드리며, 본인의 강의를 진지하게 청강해 주신 수강생들께도 깊은 감사를 드린다. 본서를 집필하는데 직간접적으로 영향을 주신 본인에게 공부하여 현재 타로 강사로 활동하시는 선생님들께도 감사드린다. 끝으로, 독자제현님의 가내에 건강과 행복이 함께 하시길 바란다. 본서에 대한 보다 깊이 있는 내용이나 자세한 내용을 원하시는 분은 책 뒤편의 강좌 안내를 참고하시기 바란다.

삼각산에서 신영호 배상

1 인생을 잘 사는 것과 못 사는 것은 분명히 있다. 일반적으로 대부분의 사람들의 인생은 그들이 태어난 시간과 장소에 기초하여 운명(運命)대로 산다. 그리고 사람들이 운명이 있음을 알면서 운명이 없는 듯 모르는 척 사는 게 문제다. 운명을 믿고 맹신하라는 뜻이 아니다. 또한 운명이 있지 않아서 운명을 몰라도 되는 게 아니라, 운명에 구속되거나 집착하지 않기 위해서 운명을 무시하라는 것이다. 운명을 너무 믿거나 집착해서 운명에 사로잡혀 살기 때문에 문제인 것이다. 물론 뜻이 높고 자유로운 영혼은 운명을 모르고서도 잘 산다. 그리고 일부 지혜로운 영혼은 사주팔자와 점성술 등을 통해 자신의 운명을 미리 알고 자연스럽게 대비해 가면서 살아간다. 운명을 무서워하지도 무시하지도 집착하지 않으면서 운명을 이해하고 깨달아, 때로는 순응하고 때로는 이끌면서 사는 게 필요하다.

, , ,

2. 사람마다 운명이 다르다. 거지 팔자가 있고 사장 팔자가 있으며, 교수 팔자가 있

고 판검사 팔자가 있다. 운명이 자신의 인생이다. 행복하게 잘 사는 게 세속적 사람들에게 최고의 답이다. 그러나 행복을 넘어 또 다른 세계가 있으니, 그것을 마음(영혼)의 자유라 한다. 마음의 자유를 얻어 행복을 누리는 것과 마음의 자유가 없이 행복을 지키는 것과는 엄연히 차이가 있다. 참고로 가진 것에 만족할 줄 알아야 행복하다. 또한 같은 구조의 동일한 사주팔자를 지닌 두 사람이 있다고 해도, 그 사람의 마음가짐과 영혼의 의식수준에 따라 둘의 인생은 다른 것이다.

, , ,

3
Healing Secret

운명은 이번 생애동안 성취해야할 과제(주제)를 지니고 있다. 인생 자체가 펼쳐지면서 운명이 열린다. 운명은 인생에 대한 코드를 지니고 있다. 카르마 코드를... 또한 시나리오이기도 하다. 인생 연극의 대본 말이다.

, , ,

4 Healing

행복은 악한 카르마를 짓지 않고 되도록 선한 카르마를 지을 때 얻어지는 마음의 즐거움이고, 마음의 평안은 선한 카르마와 악한 카르마를 모두 짓지 않을 때 얻어지는 마음의 자유이다. 인간적 행복과 세속적 행복이 인생의 전부가 아닌 것이다.

, , ,

Healing Secret

5. 내가 부족하고 모자라서 결혼 문제, 돈 문제, 직장 문제, 불륜 문제가 발생하는 것이다. 에너지가 정화되지 않으면 문제는 지속된다. 나쁜 에너지를 집착하고 끌어당기려고 하면 카르마적 세속 문제는 해결되지 않는다. 내 안의 사랑, 나를 사랑할 줄 알면 결혼문제, 애정문제, 돈 문제, 불륜문제가 풀리게 된다. 십자가의 중심이 사랑의 중심이 된다. 참고로 가진 것에 만족할 줄 알고, 하나를 가지면 반대되는 하나는 잃게 되는 것이 진리라는 점을 알아야 할 것이다.

6. 남녀 부부에게 돈이 없다는 것은 두 사람의 무의식 깊이 돈 문제 말고 다른 문제가 있다는 것이다. 둘 사이에 사랑이 없거나 서로에 대한 에너지 교류가 안 되기 때문이다. 돈에 관심을 가져야 돈 에너지가 생긴다. 그러나 돈이 없는 사람들은 돈에 관심을 갖지 않고 돈 버는데 에너지를 쓰지 않으려고 한다. 또한 돈이 없는 사람들은 돈 문제 보다 더 중요한 문제가 있다는 뜻이다. 부부는 일심동체이기 때문에 같은 에너지를 공유한다. 남편이 돈 못 버는 것은 여자에게도 돈 못 버는(안 생기는) 에너지가 있다는 뜻이다. 기본적으로 남녀가 서로가 서로에게 물질 에너지를 의지하거나 의존하지 않고 스스로 벌 수 있을 때 가정의 행복은 이루어진다.

, , ,

7. 자신의 운명에 맞는 적성, 재능, 직업을 선택하지 않아 돈을 못 버는 경우가 많다. 자신이 마음으로 원하는 직업과 자신이 선연(善緣)을 만나 얻은 재능 그리고 자신이 잘하는 일을 통해 돈을 벌어야

한다. 내가 가야할 곳을 가지 않거나 내가 만나야 할 인연을 만나지 않아서, 부정적 감정과 에너지가 만들어져 적응하지 못하고 악연(惡緣)을 만들고 돈을 못 벌게 된다.

, , ,

8. 운명을 숙명으로 받아들이는 것은 자신이 처한 현실을 순응하고 받아들이는 긍정적 마음일 때에만 지혜로운 자세인 것이다. 운명은 개척가능하다. 하지만 자만하고 교만한 자에게는 운명은 그다지 만만한 상대가 아닐 것이다.

, , ,

9. 
처의 적성과 성격, 취미, 장단점을 정확히 알아 그녀로부터 무엇을 배우고 그녀에게 무엇을 도움 받으며, 그녀에게 무엇을 주며, 무엇을 알려주어야 할지 남편이 안다면 서로에 대한 이해, 배려, 사랑을 올바른 영적, 정신적, 물질적 거래법에 의해 얻어갈 수 있고 오해와 의심 그리고 증오를 풀어갈 수 있다. 부부 간에도 제대로 된 에너지 거래를 해야 한다.

” ” ”

10. Healing secret 사주팔자가 지나치게 나쁘게 짜여 있으면 하위 차원 직업군에서 살아가게 된다. 좋은 인연을 만나야 사주팔자와 운(運)을 벗어날 수 있다. 운이 나쁘더라도 순수한 마음과 지극정성의 마음을 내면 영적인 근기에 따라 사주팔자와 운을 어느 정도 벗어날 수 있다. 참고로, 악한 인연은 순수한 인연으로 푼다.

” ” ”

Healing secret 11. 사주팔자가 나쁘다고 운명이 나쁜 게 아니다. 자신이 해야 할 일이나 직업을 제대로 찾지 못해 인연을 잘못 만나고 가난하고 힘들게 사는 것이다. 정말로 사주가 나쁘고 운이 나쁘다할 지언 정 정확히 자신의 능력과 소질(적성)을 알고 주변 지인들과 귀인들의 도움을 구해, 하심(下心)으로 열심히 산다면 비록 그 당시에는 힘들겠지만 나중에 후회가 없을 것이다.

" " "

12. 남자든 여자든 모두 사주팔자에 재물복이나 직업운이 없다면 사랑의 에너지와 감정 에너지를 줄이면서 공부와 지식 에너지까지 덜 소비하면서 일에 자신들의 에너지를 투자해야 한다.

" " "

healing secret

13. 남자가 바람피워 여자를 힘들게 한다면 여러 가지 이유가 있지만 주로 여자가 물질·정신 에너지를 낭비하거나 에너지를 물 쓰듯 썼기 때문에 일어나는 현상이다. 여자가 알뜰살뜰 물질을 아끼고 정신을 보호하는 게 필요하다. 이 경우 부인은 남편이 돈이라도 제대로 벌어와 에너지 거래법의 형평성이 어느 정도 지켜지면 참고 살아야 한다.

" " "

14.

인생 공부에는 두 가지가 있다. 복덕을 잘 갖추어 세속의 부귀영화를 누리는 것과 도를 잘 닦아 세속을 넘어 자유로운 마음을 얻는 것이다. 이 둘을 동시에 얻으려면 성명쌍수(性命雙修)가 되어야 한다. 성명쌍수란 심(心)과 명(命)을 함께 닦음을 뜻한다.

, , ,

healing 15. 인연된 사람들의 요청을 무조건 받아들이려고 하지 말라. 거절할 줄도 알라. 선연(善緣)의 조언도 가려서 듣고, 악연(惡緣)의 조언은 절대 곧이곧대로 믿으려고 하지 말라. 나와 안 좋게 지내던 사람이 갑자기 좋게 나오면 나를 시험하고 유혹하는 것이므로 경계하고 조심해야 한다. 만약 내가 악연에게 혹하거나 홀리면 나에게도 안 좋은 에너지가 있다는 사실을 알아야 한다.

, , ,

Healing Secret

16. 모든 일이 시작되고 진행되고 결말에 도달하는

데는 때가 있고 장소가 있고 인연이 있다. 그러므로 기다릴 줄 알라. 기다릴 줄 모르면 공부를 할 수 없다. 운명은 인내하면서 기다릴 줄 아는 사람이 쟁취하는 것이다.

17. 인생은 얽혀있는 운명의 굴레를 푸는데 있다. 운명이란 카르마이다. 정확하게 말해서, 인연(因緣)따라 맺어지고 풀리는 카르마와 에너지의 흐름을 말한다. 일반적으로 운이 좋으면 길(吉)한 인연을 만나고 운이 나쁘면 흉(凶)한 인연을 만난다. 카르마가 많은 사람의 경우 특히 그러하다.

18. 인연된 사람들이 자신을 순수하게 대하도록 하는게 중요하다. 순수한 인연들에게는 친절하도록 하고 베풀어야 한다. 탁한 에너지와 카르마가 많은 악연(惡緣)은 되도록 만나지도 말고 함부로 사귀려고 하지 말라. 만약 악연과 어쩔 수 없이 지

내야할 상황이라면 절대 악연에게 이유 없이 마음과 에너지를 빼앗기거나 주려고 하지 말라. 물론 나쁜 짓을 하면 하위 차원의 인연에게 에너지가 나간다. 그리고 악연 또는 저차원 인연과 거래 법상 나 자신이 빚이 있다면 에너지는 그(녀)에게 나가게 되어 있다. 선악(善惡)을 함부로 구별하고 나누어서는 안 되지만 악연(惡緣)을 사귈 경우 알게 모르게 순수한 나의 에너지가 악연에게 빠져나가게 된다. 에너지를 악연에게 빼앗기는 것은 그릇된 자비로써 삼가야 한다.

19. 순수한 마음에서 누군가를 만나고자 원하면 순수한 인연이 맺어지고, 선한 마음에서 누군가를 만나고자 원하면 선한 인연이 맺어지고, 악한 마음이나 의도로 누군가를 만나고자 원하면 악한 인연이 맺어진다. 특히 겉으로는 선한 마음으로 만나고자 원하지만 숨겨진 의도가 있다면 상대방도 겉은 선하지만 숨겨진 의도를 감추고 다가온다. 같거나 비슷한 인연끼리 만나게 되어있다. 예를

들어 보복하고자 하는 마음이 있다면 내 인연들 중 누군가가 나에게 보복을 하게 된다. 그러한 사건이 발생시 성찰과 반성이 필요하다.

, , ,

20
Healing Secret

악연에게 무시당하는 말이나 행동은 하지 말라. 물론 악연을 무시하지도 칭찬하지도 말라. 악연이 늘 악연이 아니므로 분별심으로 봐서는 안 되고, 순수한 식별지로 보아야 한다. 한 마음 돌려 잘 생각해 보면 악연도 선연이 된다. 선한 인연도 그 순간 선연이고 다음에는 언제든지 악연이 될 수 있고, 악한 인연도 그 순간 악연이지 다음에는 언제든지 선연이 될 수 있다. 물론 이것은 순수하지 못한 사람들의 마음의 분별일 뿐이다. 시간을 지나서 보면 때로는 선연이 악연이고 때로는 악연이 선연이 된다. 모든 것은 나에게서 비롯됨을 알고 늘 나 자신을 돌이켜 보고 부족함을 인정해야 한다.

, , ,

21. 나의 영성 공부가 어느 정도 되었다면 세속의 사람들과 어울려야 물질에너지와 정신에너지의 교류를 통해서 영성 에너지를 세속 사람들에게 알게 모르게 전파할 수 있다. 그리고 세속 인연을 통해서 영성 에너지가 전달되고 순환되어 사람들이 힐링될 때 나의 영성 공부는 빛을 발하는 법이다. 물론 내가 힐링한 것이 아니라 저절로 자연스럽게 힐링 되었다는 것을 깨달아야 한다. 또한 세속 사람들이 힐링됨과 동시에 나 자신의 영성에너지도 보다 더 밝아질 수 있는 법이다.

, , ,

22 순수한 인연들을 믿어라. 카르마가 정화되어서 만나는 인연을 순수한 인연이라고 하고, 운이 좋아서 만나는 인연을 선연(善緣)이라고 한다. 선연보다 순수한 인연이 더 좋은데, 이유는 순수한 인연은 마음에 전혀 부담을 주지 않는다는 것이며 순수한 인연은 악연으로 변질되지 않는다는 점이다. 선연은 때가 지나면, 즉 운이 바뀌면 악연이 될 수도 있

다. 그러므로 선연도 조심해야 한다. 결국 마음을 각성시키고 깨달음의 빛을 내면에 얻어 순수한 인연을 맺어 나가는 길이 최선의 인생을 사는 비결이다.

, , ,

23. 인연된 사람들의 부당한 요구를 들어주는 것은 그릇된 자비이다. 자신도 능력 없거나 도와주어서는 안 될 사람을 도와주는 것은 자신과 남을 동시에 파괴하는 행위이다. 그릇된 자비를 요구하는 자에게는 단호하게 대처하라. 부당한 사람에게 에너지를 주는 것이 그릇된 자비이다.

, , ,

24. 인연법(因緣法)을 잘 알기 위해서는 시간을 갖고 오랜 기간 그 사람과 사귀어 봐야 한다. 오랜 시간 지나도록 변함없는 마음을 지니고 있다면 그는 믿을 만한 사람이다. 비록 행동이 때에 따라 변덕스럽다고 해도 그의 마음에 시종일관 지속되

는 마음이 있다면 그는 믿음이 있는 사람이다. 말이나 행동도 중요하지만 순수한 마음이 더 중요한 법이다. 마음과 행동이 부조화를 이루는 것은 그의 심신(心身)에너지가 제대로 상호작용하거나 조화롭게 연결되지 않고 있다는 것이다. 그러나 마음이 행동보다 중요하기 때문에 단지 그의 행동을 보고 판단하지 말고 그의 마음을 헤아리고 그를 이해해야할 것이다.

,,,

25. Healing secret 시간과 기다림이 때로는 악연(惡緣)을 선연(善緣)으로 바꾸는 최고의 지혜이다. 그러므로 악연을 미워하지도 말고 사귀려고도 하지 말고 피할 수 없는 인연이라면 선연으로 바뀔 때까지 시간과 공간을 잘 활용해 가면서 인내와 끈기로 기다려야 한다.

,,,

Healing Secret

26. 실타래를 풀 듯 운명을 풀어나가는 것이 인생이

다. 한 단계 한 단계 시간과 공간을 통해서 인생을 살아가면서 자신의 카르마를 정화하는 길이 운명을 풀어나가는 길이다.

, , ,

27. 

인간은 살아가면서 인연을 따라 문제를 풀어야할 사건과 상황이 생긴다. 때로는 가정 문제, 때로는 형제 문제, 돈 문제, 직장 문제, 애정 문제, 건강 문제, 이사 문제, 공부 문제 등등 다양한 문제를 풀어야 한다. 물질적(현실적) 문제는 3차원에서 풀어야 하지만 잘 해결되지 않는다면 정신적이거나 영적인(도덕적) 차원에서 해결하도록 노력할 필요가 있다. 기술보다 인간적인 미덕이 더 큰 힘을 발휘할 때가 많다.

, , ,

28 Healing

사건과 인연들의 흐름 속에서 우리는 주시자가 되어 사건과 인연의 생성, 흐름, 소멸을 관찰, 목도해야 한다. 만약 사건과 인연을 주시하지 못하거나 간과한다면 그에 대한 문제는 죄로 발생할 수 있고, 즉 카르마가 마음(Soul)에 끼어들므로, 사건과 인연의 흐름을 제대로 주시한다면 문제는 스스로 풀려 사건과 인연이 지닌 카르마는 녹아내린다.

, , ,

29. 사람들을 대할 때는 인위적으로 의도를 가져서는 안 되며, 절대 의미 부여를 해서는 안 된다. 인간관계는 늘 자연스럽게 맺고, 이으며, 끊어야 한다. 인연된 사람들은 각각의 개성에 따라 다르게 대해 주어라. 받는 것을 원하는 사람에게 그가 필요한 것을 주고, 주기를 좋아하는 사람에게는 그가 주고자 하는 것을 받을 줄 알라. 물론 순수한 인연들에 대해서 적용되는 이야기이다. 선연들에 대해서도 가능하지만 선연들도 가끔 악연으로 바뀔 수 있으므로 늘 조심하고 경계해야 한다. 선연과 에너지 교류를 끊으면 선연은 악연으로 바뀐다. 그러나 순수한 인연과 에너지 교류를 끊는다고 순수한 인연이 악연이 되지는 않는다. 순수한 인

연은 스스로 믿고 스스로 힐링하며 스스로 영성을 닦고 공부하는 순수한 마음(心)을 지니고 있기 때문에 에너지가 끊긴다고 악연으로 변하지는 않는다. 0은 0일 뿐이다.

❞ ❞ ❞

30. 내가 마음이 순수해 지면 순수한 인연(純緣)들이 모이고, 내가 착한 마음을 내면 선한 인연(善緣)이 만나지고 내가 안 좋은 의도나 마음을 내면 악한 인연(惡緣)이 만나진다. 좋은 인연과의 관계를 나쁜 인연 관계로 만들어 버리면 그것을 원래로 되돌리는데 더 많은 힘과 노력이 든다. 나쁜 인연을 좋은 인연으로 만들어 놓으면 앞으로 올 나쁜 인연이 좋은 인연으로 변화한다. 나쁜 인연의 영혼을 힐링해 주는 것이 최고의 개운법(開運法)이다. 좋은 인연의 영혼을 힐링해 주는 것은 말할 것도 없이...

❞ ❞ ❞

Healing Secret

31. 몸을 소중히 생각하고 몸에 복을 짓는 것도 운명

(運命)을 소중히 생각하고 살리는 길이며, 마음(Soul)을 잘 훈련시키고 정화하는 길이 운을 잘 활용하는 길이고, 마음에 덕을 쌓는 것도 운을 소중히 생각하고 살리는 길이다. 결과적으로, 몸과 마음(Soul)을 아끼고 사랑하는 것이 운명을 사랑하고 바꾸는 길이다. 물론 몸과 마음에 지나치게 집착하거나 탐닉하라는 뜻이 아니라 몸과 마음에 정성을 들여 건강하도록 하는데 있는 것이다. 몸과 마음은 쾌락의 도구가 아니라 영(Spirit)에 의해 쓰여지는 신성한 그릇이다.

, , ,

32. 운이 안 좋으면 판단과 결정 그리고 선택을 잘못하는 것도 사실이다. 그러나 마음(心) 공부를 하는 사람은 순수의식으로 자신의 판단 실수와 잘못을 잘 숙고하고 성찰하면서 더 큰 배움과 깨우침을 얻게 된다. 운이 좋더라도 성찰과 배움이 없다면 인생을 낭비하는 것에 불과하게 될 수 있다.

, , ,

33.

순수한 인연들 간에는 '나'와 '너'의 관계가 성립되지 않는다. 다만 착한 인연들 간에는 '나'와 '너'의 관계가 없어보여도 실제로는 깊은 무의식과 초의식이 정화되지 않았으므로, 그러한 너와 나의 상대적 관계가 성립되어 때에 따라서 경계에 휘말리기도 한다. 그러므로 순수한 인연들과만 경계를 허물어야 하지 선악의 차원에 존재하는 인연들과 경계를 허물어서는 절대 안 된다.

, , ,

34 Healing Secret

돈은 물질 카르마이므로, 나쁜 돈, 착한 돈, 깨끗한 돈 세 종류가 있다. 나쁜 돈은 받으면 안 되고, 착한 돈은 조심해서 받아야 하며, 깨끗한 돈은 거래법에 따라 받아도 된다. 한편 물질 거래에도 때가 있고 기간이 있다. 즉 어떤 물건을 파는 것에도 한정량이 있어, 그 한정량 이상 팔아 돈을 얻는 것도 카르마에 해당한다. 너무 많이 팔아 지나치게 돈을 버는 것은 모두 문제를 일으킨다. 팔고 사는 것을 포함하여 모든 것에는 때가 있고 장소가 있고 기간이 있는 법이다.

, , ,

35. 우리는 만나는 인연에 대해서 사람마다 다른 처세법을 써야 한다. 악연에 대해서는 강하고 교묘할 정도로 지혜롭게 대해야 하고, 선연에 대해서는 자비와 사랑으로 대해야 한다. 물론 때와 장소를 봐가면서도 강함과 부드러움을 자유자재로 사용할 수 있는 처세법이 필요하다.

, , ,

☆36.★ 에너지를 모아야 인연이 결속된다. 함께 모은 에너지의 순도와 양에 의해 그 만남과 모임은 오래간다. 에너지가 사라지면 모임과 인연은 해체된다. 에너지가 변질되면 만남과 모임에 트러블이 생긴다. 인연과 모임의 구성원들 중에서 누군가가 부정한 마음과 나쁜 행위를 하면 인연과 모임의 성향이 변질되게 된다. 따라서 인연과 모임이 제대로 유지

되기 위해서는 누군가가 '엄격한 사람'(점성술에서 Saturn, 케프리컨 에너지, 사주로는 관성에너지)이 있어야 한다. 인연과 모임을 지키는 영적인 파수꾼이 존재해야 한다.

37. 인연을 많이 만나다보면 외부인연으로 에너지가 빠져 나간다. 탁한 기운을 지닌 저차원 의식의 악연을 만나 그들과 대화하고 생각만 교류해도 에너지가 새어 나간다. 그래서 자기성찰을 위해서는 좋은 인연만 소수로 만나도록 노력해야 한다. 꼭 필요한 인연들만 만나라. 인연을 선별할 때도 자신에게 도움이 되는 인연을 잘 식별해서 만나거나 사귀도록 해야 한다. 여러 인연들 중에서 인연을 올바르게 선택하는 것이 자신을 참되게 사랑하는 길이다.

38. 인연을 잘 맺고 끊는 공부가 인생의 큰 공부며 자산이다. 운이 좋을 때는 좋은

인연이 오지만 선택은 자신의 순수한 마음에서 하는 것이고, 운이 나쁠 때 나쁜 인연이 오지만 그들과 인연을 깊이 맺지 않는 선택 또한 자신의 순수한 마음에서 하는 것이다. 늘 깨어있는 순수한 마음이 중요한 것이다.

39 운명(Fortune)은 숙명(Fate)과는 달리, 우리의 창조적인 마음에 의해서 어느 정도 바꿀 수 있다. 물론 운명을 완전히 바꾸는 것은 일반인으로서는 거의 불가능하다. 전생과 현생의 카르마 힘 때문에 운명을 마음대로 바꿀 수는 없는 것이다. 그리고 함부로 그렇게 되서도 안 될 것이다. 그 많은 사람들이 아직도 운명 같은 것은 없다고 하지만 힘들 때는 상당수의 사람들이 사주팔자를 보기 위해 명리학자나 철학관 그리고 행운과 인생조언을 위해 타로 카운슬러를 찾아 간다. 이유는 자신에게 다가온 카르마를 너무 실질적으로 체감해서 미래의 운명을 궁금해하기 때문이다.

Upgrade 40. 인연망(因緣網)이란 인연들의 에너지를 받아서 그들을 자연스럽게 제어함을 뜻한다. 외부 인연문제를 해결하면 내공(內功)으로서 약(藥)과 에너지가 얻어진다. 또한 약을 얻으면 외부인연이 얻어진다. 약을 얻게 해주는 인연들은 좋고도 순수한 인연들이다. 그러한 인연들을 가려 사귀어라.

, , ,

41. Healing secret 인연을 사귀고 만나는데 가려 사귀는 것은 공부의 핵심이다. 그러나 악연에게 상처주지 않도록 조심하고 그들을 미워하거나 그들을 무시하지는 말라. 되도록 그들도 인간이므로 피해를 주지 않도록 요령껏 피해 가야할 것이다. 악연을 도와주려고 붙잡는 것은 우주적 법칙에 맞지 않으며 그들 자신도 고마워하지 않는다. 악한 마음의 길과 선한 마음의 길 그리고 순수한 마음의 길은 따로 있는 법이다. 학생이 선생 노릇하면 안 되고, 선생이 학생 노릇하면 안 되는 것처럼... 모든 것에는

역할이 있고 단계가 있는 법이다.

, , ,

42. 사교모임이나 축제 등 놀이와의 인연은 우리의 삶을 다른 방식으로 재창조한다. 우리가 만나는 인연들이 우리의 인생을 창조하기도 한다. 긍정적 창조라면 내가 순수한 인연들을 만나고 있다는 뜻이고, 부정적 창조라면 안 좋은 인연들을 만나고 있다는 뜻이다.

, , ,

43 Healing

큰 인연법이 작은 인연법을 누른다. 훌륭한 대인(大人)을 만나는 것은 몇몇의 소인(小人)들이 나에게 가하는 괴로움을 제거할 수 있는 힘이 되어준다. 우리 자신이 전생에 쌓은 복덕으로 훌륭한 대인을 만나는 것이고 우리가 전생에 지은 악덕으로 안 좋은 소인을 만나는 것이다. 대인은 선연이고 소인은 악연이다. 하늘은 인연과 인연법을 자연스럽게 컨트롤하고 다스려 인간을 돕는다. 악연도 공부하라고, 깨우치라고 보내고, 선연도 공부하고 깨우치라고 보낸다. 악연들에게 힘들어 하다가 스승인 고수분을 만나 공부를 배워 악연들과의 카르마를 정화함으로써 자유를 찾는 경우가 이에 해당한다.

44.  운이 좋은 시절에 힘들고 어려운 사건이 터지면 앞으로 더 좋은 운이 올 것임을 암시하는 호사다마(好事多魔) 현상으로, 이 사건이 제기한 시험을 인내와 지혜로 풀면 앞으로 도래할 호운(好運)을 잘 활용할 수 있다.

45. 악인을 만나면 왜 악인을 만났는지를 자신의 내면을 잘 성찰하라. 악연의 원인은 자신의 잘못(心意 오용)에서 비롯된다. 악연과 선연 그리고 순수한 인연을 짓는 것은 모두 자신의 마음에 따라 좌

우되고 결정된다. 악인과의 악연이나 선인과의 악연도 그 이유를 알면 어느 정도에서 상당히까지 정화하고 치유할 수 있다. 인연법을 올바르게 알면 악연과의 카르마가 녹아서 악연의 에너지가 사라지기 때문이다. 인식하고 안다는 것은 내면의 빛이 탁한 카르마 에너지를 정화한다는 뜻이다. 여하튼 바르게 악인과의 인연법을 알면 악인과의 원한도 어느 정도 아는 것만으로도 녹아진다. 마음이 지혜롭게 변하므로... 결국, 모두가 내 탓이며 나에게서 비롯된 것이다.

, , ,

healing 46. 의식의 수준과 차원이 높아지면 수준 높은 차원의 인연들이 연결되거나 맺어지고, 의식의 수준과 차원이 낮아지면 하위 수준의 인연들이 연결되거나 맺어진다. 의식 수준과 차원에 따라 시간과 공간을 통해 만나지고 헤어지는 인연들이 바뀐다.

, , ,

47.

인연법(因緣法)에서 인(因)은 원인이고 연(緣)은 조건이다. 원인과 조건이 어울려 결과를 이룬다. 영어로는 간단히 Cause and Effect라고 한다. 세상의 이치는 셋으로 나누는데, 그것은 과거, 현재, 미래 또는 처음과 중간, 마지막이다. 셋 중 어느 하나도 나빠서는 안 된다. 인연의 시작, 과정, 헤어짐 모두 좋아야 한다. 인을 과거, 연을 현재, 결과를 미래로도 볼 수 있다. 그러므로 인과 연 그리고 결과 모두 좋아야 한다.

48

사람 자체가 나쁜 것도 있지만, 주로 사람과 사람 간의 인연법(因緣法)이 좋고 나쁨이 있다. 나에게 나쁘게 하는 인연이 타인에게는 잘 해주기도 하며, 나에게 잘 해주는 인연이 타인에게는 잘 해주지 않는 경우도 있다. 따라서 인연법의 핵심은 나와 남과의 1:1 관계이다. 나도 좋고 남도 좋아야 서로가 좋은 것이다. 인(因)이 좋고 연(緣)도 좋고 결과도 좋아야 한다. 한 쪽은 좋고 한 쪽은 나쁘면 거래법이 어긋나거나 잘못되었다는 것이다. 영적 거래법이 잘못되면 인연이 크게 안 좋아지고 정신적 거래법이 잘못되도 인연이 안 좋아지며 물질적 거래법이 잘못되도 둘 간의 인연에 문제가 생긴다.

49. 인연이 좋으려면 서로에 대한 이해와 존중이 있어야하고 인연을 서로에게 무엇인가 배울 수 있는 기회로 생각해야 한다. 무엇보다 에너지 거래법이 서로에게 순수한 마음에서 공평해야 한다. 인연(因緣)을 통해 약(藥)을 얻고, 인연법을 통해 심법(心法)을 얻는다. 심법이란 마음을 잘 쓰고 잘 지키는 일체의 법을 말한다.

50. 인연(因緣)이 '나'를 만들기도 하고 버려놓기도 한다. 친구나 사람을 잘 만나야하고 조심해야 한다. 인연이 나를 변화시킨다. 악연을 통해서도 무언가 배운 게 있다는 것을 인식하는 순간 악연과의 인

연도 사라지거나 좋게 변화하기도 한다. 악인 소울그룹(Soul Group)이 순수해질 때 까지는 악연(惡緣)을 풀기가 어렵다.

, , ,

Upgrade

51. 인연법이 상황과 사건을 연출시킨다. 사람들은 세상사의 연극배우들이다. 때가 되면 과거 인연과 헤어지고 때가 되면 새로운 인연과 만나진다. 인연이 좋고 나쁜 것은 자신의 마음의 수준과 운(運)의 길흉(吉凶)에 달려 있다. 비록 마음이 순수해도 운이 나쁘면 순수한 인연을 적게 만나게 되고, 운이 좋아지면 순수한 인연을 많이 만나게 된다. 그러나 중요한 것은 운이 좋건 나쁘건 선연(善緣)을 순수한 인연으로 바꾸는게 더 중요하다.

, , ,

Healing Secret

52. 책과의 간접 인연보다 저자와의 직접 인연이 더 많은 것을 깨우치게 해 준다. 사람은 말이나 행동을 간접적으로 듣는 것보다 직접 만나서 보고 듣

는 게 더 강하고 영향력 있는 인생 공부가 된다. 직접적인 인연이 간접적인 인연보다 나에게 더 중요한 인연이다. 왜냐하면 직접적 인연은 에너지를 생생하게 직접 교류할 수 있기 때문에 그로부터 많은 경험과 지혜의 에너지를 얻을 수 있다. 물론 간접적인 인연이라도 정신적으로 도와주는 인연은 중요하다.

, , ,

53. 참된 성품인 참나(Self)를 깨우치는 것도 시절인연을 따른다. 사람들이 살아가면서 경험하는 만남의 법칙을 인연법(因緣法)이라고 한다. 나의 마음에 따라 인연이 결정된다. 마음이 순수하면 순수한 인연들이 만나지고 마음이 선하거나 악하면 선악의 인연이 맺어진다. 인연이 좋으려면 서로 순수한 마음으로 만남에서 헤어짐까지 믿음과 신뢰로 사귀어야 한다.

, , ,

54.

안 좋은 악연(惡緣)으로부터 말과 행동이 나에게 전해지면 즉, 그들이 나를 미워하고 싫어하고 비난하는 글이나 말을 하면 제일 먼저 시간을 갖고 침묵하면서 그들에게 마음과 에너지를 주거나 빼앗기지 않도록 해야 한다. 그들이 필요한 것은 나의 마음과 에너지를 받고자 하는 것과 나를 인셉션(Inception)하여 나의 노하우 정보와 에너지를 얻으려는 것이다. 그들에게 대응하는 것 자체가 에너지를 섞는 것이며, 나의 순수에너지가 나가거나 빼앗기고 그들의 카르마를 받게 되는 것이다. 더욱이 그들은 일시적으로 좋아질 수 있으나 나중에 더 힘들어지게 된다.

, , ,

55. 좋은 인연은 밝은 영혼들과의 만남이며, 안 좋은 인연은 좋지 않은 영혼들과의 만남이다. 물론 운이 안 좋다고 무조건 나쁜 인연만을 만나는 것은 아니다. 하늘은 나쁜 운도 인셉션(Inception)해 치고 들어와 선한 사람을 구제한다.

56. 운이 좋건 나쁘건 항상 만남과 인연법에 대해서 기도하고 인연(因緣)과 하늘에 감사하는 마음을 지니는 자세가 중요하다. 물론 기도는 순수한 인연을 만나게 해달라고 하는게 특히 중요하다. 스승과의 인연도 순수해야 하고, 제자와의 인연도 순수해야 하며, 친구와 인연도 순수해야 한다. 그러므로 순수한 마음으로 기도하는 자세가 필요하다.

, , ,

57. 지식도 에너지이기에 지식 관련 인연을 만나게 되어 있다. 지식도 인연따라 얻어진다. 지식도 에너지요 카르마가 될 수 있다. 그러므로 지식을 순수한 마음으로 좋아하면 지식을 전수해주는 순수한 인연을 만나게 되고, 지식을 욕망에 사로잡혀 추구하면, 즉 지식욕에 집착하면 지식을 악용하거나 지식 카르마가 많은 사람을 만나게 된다. 지식을 잘 쓰면 신성한 에너지가 되고 잘못 쓰면 나쁜 카르마가 된다.

, , ,

58. 인연된 사람들 중에 어느 누가 좀 모자라게 보여도 눈감아 줄 수 있어야 한다. 인내심을 길러라. 사람의 외면적 재능이나 기술로 사람을 판단하지 말고 그 사람이 순수한 마음의 소유자인가를 살펴보라. 순수한 마음을 갖고 있다는 것도 그 사람의 재능이요 인간에게 있어서 가장 큰 재산이다.

, , ,

59.  인연법은 운과도 상관이 있으나 복덕(福德)과도 상관성이 크다. 운이 좋더라도 복덕이 있어야 복덕이 있는 인연들을 만나고, 좋은 운이라고 아무렇게나 좋은 인연들을 만나는 것이 아니라 자신이 지은 복덕만큼의 좋은 인연들을 만난다. 또한 사주팔자의 그릇대로 큰 인연, 작은 인연을 만나게 된다. 사주가 같은 사람들의 경우에 마음그릇대로 사는 것을 보면, 즉 각자 마음의 크기대로 인생을 사는 것을 보면, 사주팔자가 인생의 전부가 아니라는 사실을 알 필요가 있다.

60. 인연된 사람들 간에 너무 친하지도 말고 너무 불친절하지도 말도록 환경을 조성하라. 가까우면 지나치게 의존하려고 하고 멀어지면 서로 협력이 안 된다. 친한 친구와도 너무 가까워서는 안 된다. 에너지 교류가 너무 많아도 안 되고 너무 적어도 안 된다. 때와 장소에 따라 인연과의 에너지 교류와 거래법을 살펴가면서 인연을 사귀어야 한다.

, , ,

61. 인연법(因緣法)은 사람들과의 관계에서도 일어나지만 사건과 사물에 대한 사람의 관계에서도 나타난다. 운이 좋으면 좋은 사건과 인연되거나 좋은 사물과도 인연된다. 반면 운이 나쁘면 좋지 않은 사건과 인연되고 흉(凶)한 사물과 인연된다. 그러므로 운이 흉운(凶運)일 때는 사건이 터지는 것에 대해 미리 대비하거나 조심해야 하고, 운이 안 좋을 때 많은 인연을 사귀려고 하지 말아야 한다. 운이 안 좋을 때는 오히려 더 카르마가 되고, 안 좋은 인연을 끊기가 어렵다. 그리고 운이 좋을 때

는 안 좋은 인연을 끊어버리도록 하되 되도록 자연스럽게 끊기도록 해야 한다. 실제로 운이 좋으면 악연은 자연히 끊게 되고 선연은 자연히 맺어지게 된다. 반대로 운이 나쁘면 악연이 맺어지고 선연이 끊긴다. 또한 운이 좋을 때는 많은 사람들을 만나보라. 의식이 상승(Up)되면 운을 주도할 수 있고 의식이 하강(Down)되면 운에 주도 당하게 된다.

, , ,

62.

자신의 마음에 따라 인연이 맺어진다. 유유상종, 동기감응(同氣感應)의 법칙이 인연법이다. 끌어당김과 내버림의 법칙도 인연법의 일종이다. 같은 파장과 같은 에너지, 그리고 같은 생각은 서로를 끌어들인다. 다른 파장과 다른 에너지 그리고 다른 생각은 서로를 밀쳐낸다. 끌어당김의 법칙에 의해서 인연이 이루어지고 내버림의 법칙에 의해 인연이 사라진다. 그러나 두 법칙 모두 자연스럽게 이루어져야 한다. 인연들을 선연(善緣)이건 악연(惡緣)이건 순연(純緣)이건 모두 우주에서 나에게 공부하도록 때와 장소를 보고 나의 깨달음의 수준에 따라 창조한 것이다.

, , ,

Healing Secret

63. 복잡한 사건이나 어려운 상황으로부터 벗어나기 위해서는 내버릴 줄 알고 비울 줄 알아야 하고 집착을 놓을 줄 알아야 한다. 이것이 운명을 바꾸는 힐링의 핵심 비결이다. 물질과 정신에너지는 인연 따라 흘러 인연 따라 사라짐을 명료하게 목도해야 한다. 영성에너지의 빛만이 순수한 인연 따라 영원할 수 있는 법이다.

, , ,

64 Healing Secret

운명은 카르마의 집합체로서 인연(因緣)을 형성한다. 카르마는 우리가 해결해야할 과제요 탁한 에너지다. 선한 인연과 악한 인연이 있는 것처럼 카르마에는 종류에 따라 선한 카르마와 악한 카르마가 있다. 인연(因緣)은 만남과 사귐 그리고 헤어짐의 시공간 법칙으로, 인연이 세상을 이끌고 운명의 중추(中樞)를 형성한다. 인연법을 제대로 알면 개개인들의 운명을 분석할 수 있다. 또한 운명을 제대로 이해하고 깨달으면 인연법의 의미와 시기를 알 수 있다. 운명(運命)은 있다. 하지만 운명을 깨달은 자에게는 운명은 그 사람의 수호신들이 되어 준다. 악마를 이기면 악마도 내 편이 되는 것처럼...

, , ,

65. 운 타령을 하는 것보다는 좋은 운이건 안 좋은 운이건 잘 선용하고 순응하며 열심히 사는 것이 중요하다. 선연과 악연의 인연법은 호운(好運:吉)과 악운(惡運:凶)에 의해서 결정되지만 그로부터 배우는 것은 순수한 마음을 통해서이다. 마음을 바르게 쓰는 것이 운 좋은 것보다 더 중요하다.

, , ,

66. 때가 되면 기회는 오게 되어 있다. 기회는 인연으로 오고, 인연 따라 사라진다. 시공간의 흐름을

타고, 나와의 인연들은 끊임없이 변화한다. 인연들의 변화를 잘 관찰하는 것도 일종의 명상이다.

, , ,

67 기회를 잘 사용하느냐 못하느냐는 자신의 카르마, 마음, 그리고 운과 인연법 등에 의해 달려있다. 그러므로 하나의 사건이나 행위는 한 가지 원인과 한 가지 조건에 의해서 이루어지는 게 아니라 다중원인과 다중조건에 의해서 일어난다. 물론 결과도 한 가지 결과가 아니라 다중적(重意的) 결과를 산출할 수 있다.

, , ,

68. 운명을 함부로 바꾸어서는 안 된다. 이유는 운명은 겪어야 하고 체험해야할 자신의 결함과 잘못을 뉘우치고 바로잡아, 현실적 교훈과 윤리적 덕목 그리고 영적인 도리를 영혼 깊이 얻어야하기 때문이다. 번뇌가 없으면 깨우침도 없는 법이다. 올바른 경험과 체험만이 영혼육(Spirit, Soul, Body)을

올바르게 변화시키고 업그레이드 시킬 수 있다.

, , ,

69 Healing

원하는 것을 얻기 위해서 집착하거나 의도를 지니고 구한다면, 원하는 바가 쉽게 이루어지지 않으면서 에너지만 낭비하게 된다. 그러나 순수한 마음에서 원하는 것을 소망한 후 놓아버리면 언젠가 시간이 되고 운(運)이 따라준다면 쉽게 원하는 것이 이루어진다.

, , ,

70. 우주의 법이 있고 그 법에 따라 인간의 마음이 응해야 좋은 인연을 부르거나 맺을 수 있다. 좋은 인연이 행운을 가져다준다. 행운이 오기 전에는 시험과 마장(魔障)이 있을 수 있다. 어려움이 풀려야 좋은 일이 생기는 것은 자연의 순리이다.

, , ,

71. 자기 마음에서 끝끝내 행운을 거부하는 사람에게는 아무리 좋은 인연이 와도 행운은 사라진다. 그리고 겉모양만 보고 인연된 사람들을 분별하고 판단하지 말아야 한다. 사람을 볼 때는 늘 그 사람의 순수한 마음을 살펴야 한다.

, , ,

72.  우선 사람을 사귈 때에는 선연(善緣)인지 악연(惡緣)인지를 잘 살펴라. 악연이라고 판단되면 어떻게 해서든 멀리하라. 그러나 비록 상대방과 안 좋은 인연이었다고 해도, 시간이 지나 우리 자신의 운(運)이 좋아지면, 상대방과 좋은 인연으로 다시 만날 수 있다. 상대방을 원망하거나 미워하지 말고 인내와 기다림으로 시간을 지키면 언젠가는 상대방과의 문제와 갈등, 오해(잘못된 이해)가 풀리게 된다. 왜냐하면 순수한 마음을 꾸준하게 공부하게 되면 세월이 지나 나의 마음의 차원이 과거의 한계와 카르마 차원을 초월하기 때문이다.

73. 누군가가 감정에 문제가 있는데, 그 사람과 인연이 되면 우리 자신도 정신 차리지 않으면 감정적 문제를 겪게 될 수 있다. 타인과 나의 공통문제가 인연법이다. 그 공통문제를 풀려면 올바른 베품과 그릇된 자비를 하지 않는 에너지 거래법이 필요하다.

, , ,

74. 에너지 거래법에도 영적 에너지 거래법, 정신적 에너지 거래법, 물질적 에너지 거래법이 있는 것처럼, 인연에도 영적인 인연, 정신적 인연, 물질적 인연이 있다. 그리고 두 사람 간의 인연법에도 영적인 인연법, 정신적 인연법 그리고 물질적 인연법이 성립되고 작용한다.

, , ,

75. 나의 현재의 행위가 나의 미래 인연을 결정짓는다. 물론 미래에 대한 마음이 현재의 행위를 바꾸기도 한다. 과거의 인생이 현재에 영향을 미치고,

현재의 인생이 미래에 영향을 준다. 그러나 현재 마음을 바꾸면 과거의 인생이 바뀌어 지고, 미래가 새롭게 창조된다. 현재 마음에 의해 과거 인연도 좋게 바뀔 수 있으며, 미래 인연도 좋게 변화해서 만나게 될 수 있다. 현재의 순수한 마음이 최고의 운명을 바꾸는 지혜이다.

, , ,

healing secret

76. 행위가 생각을 낳고, 생각이 인연을 부르며, 인연이 안 좋을 경우 마음고생을 하게 되는데, 마음의 알고리즘(Mind Algorithm:마음의 논리)과 탁한 카르마 에너지를 수정하지 않으면 나쁜 인연이 계속 괴롭힌다. 그리고 몸과 마음으로 경험하는 것만이 자신을 바꿀 수 있다. 인연과 인연법도 경험과 깨우침에 의해서 만들어지고 헤어지게 된다. 경험으로서만이 지혜가 나온다.

, , ,

77. 우연한 만남이란 없다. 만약, 우연히 만났다면 금

방 헤어질 것이다. 참된 만남은 하늘에서 내려올 때 어느 정도 결정되고 예정된 만남이다. 인연법을 거스르거나 인연의 관계를 어기면 안 좋은 카르마가 증폭된다. 카르마대로 인연법을 만난다. 운의 길흉(吉凶)이 전생의 카르마이고, 운의 종류는 인연 따라 돈, 이성, 권력, 명예, 공부, 재능, 친구들로 카르마의 종류를 뜻한다.

78. 악연과의 인연을 정화하는 길은 어떠한 말이나 댓구도 일체하지 않고 침묵을 지키는 것이고, 둘째가 인내로 때를 기다리면서 견디는 것이다. 그리고 때가 되고 기회가 되었을 때 진실로 악연에게 이야기 하는 것이다.

79. 모든 사건은 원인과 조건이라는 이유에서 일어난다. 사건들도 인연법을 따른다. 인연이 생기면 사건이 발생하고 인연이 사라지면 사건도 소멸한다.

상황과 사건이 변했다는 것은 인연법이 변했다는 뜻이다. 나에게 발생하는 모든 사건들은 인연법을 통해서 나에게 메시지를 주거나 필요한 것을 알려주려고 하는데 있다.

" " "

80 Healing

복을 짓는 이유는 정신계에 정신 에너지를 저축해 두는 원리이다. 물론 정신계에 저축한 에너지를 모두 되돌려 받을 수 있는 것은 아니나, 때에 따라서 대부분 돌려받을 수도 있으므로 투자형 저축으로 보면 된다. 복을 짓는 것은 자신만을 위한 투자가 아니라 전 인류를 위한 투자 개념이므로 중요한 의미가 있다.

" " "

81.

운(運)이 나쁠 때는 휴식하거나 조용히 있어야 하고, 무엇인가를 애써 하려고 해서는 안 되며, 가능한 한 마음공부를 하거나 종교·역학 서적을 읽는 일만 하고 있어야 한다. 운(運)이 나쁠

때는 조용히 있는 법을 배우는 것이 큰 공부이다.

" " "

82. Healing secret 원래 자신의 마음에 그러한 에너지(이미지)가 있기 때문에 그것이 인(因)이 되고 그 인(因)으로 하여 연(緣)이 됨으로써 안 좋은 에너지가 들어오게 된다. 좋은 인연이 되었다는 것은 그가 좋은 순수한 마음을 가지고 있다는 뜻이다.

" " "

83
Healing Secret

악연을 의도적으로 선연으로 바꾸려고 하는 것도 만용(蠻勇)이다. 악연이 자연스럽게 선연으로 되지 않는다면 억지로 악연을 선연으로 바꾸려 해서도 안 된다. 때로는 악인을 계몽시키려고 하는 것도 어리석음이 될 수 있다.

" " "

84. 세속적인 삶에 있어서, 인연된 사람들의 주인공이 되라. 인연들이 당신을 존중하고 신뢰하도록 만들라. 사람들 속에서 들러리가 되기보다는 주인공이 되라. 물론 인연된 사람들의 리더에게 반항하거나 그를 능가하려고 하지는 말라. 그리고 마음을 낮추는 자세(下心)를 가지는 것이 중요하다.

, , ,

85. 인연들과의 싸움은 가급적 피하되, 싸움을 하게 된 것은 벌써 그와 카르마가 있다는 것이다. 그러므로, 싸움에 말려들기 보다는 왜 그와 싸우게 되는지 그 원인을 살펴보아야 한다. 현재의 사건이 터지기 전과 후의 인연들과 사건들을 자세하고도 세밀히 살펴보면 알 수 있다. 모르면 타로카드의 도움을 받거나 지혜로운 영적인 상담사들로부터 조언을 구하라.

, , ,

86. 운명이 예측가능하다는 것은 운명이 어느 정도

결정되어 있다는 뜻이다. 운명은 준비하는 자에게는 약(藥)이 되고 준비하지 못한 자에게는 독(毒)이 될 수 있다. 물론 운명론에 빠져 운명에 집착하거나 매달려서는 안 된다.

87. 사람을 이해하는 것만큼 자신을 알고 깨달아가고 인연(因緣)법을 살피면서 살아가라. 인연의 활성화를 위해서는 함께 좋은 의식 상태에서 순수한 마음으로 만남과 모임을 갖는 것이 효과적이다.

88 인연법을 잘 활용하기 위해서는 모임 내에서 나서는 사람이 되기보다는 없어서는 안 될 사람이 되어라. 남들에게 주목 받으려면 운도 좋아야 하지만, 자신이 실력 있는 사람이 되어야 한다. 순수한 마음도 실력이다.

89. 오래가는 인연과 일시적인 인연을 구별할 줄 알라. 오래 가는 인연에게는 기본적으로 길게 보고 대해야 하고, 일시적인 인연에 대해서는 너무 많은 에너지를 쏟아서는 안 된다. 인연들의 유형에 따라 자신의 마음과 에너지를 다르게 쏟아야할 것이다.

❜ ❜ ❜

Upgrade 90. 자신과 인연된 사람들에게 존재하는 미심쩍은 오류나 버그에 대해서는 즉각 성찰하고 반성하라. 자신과 인연된 사람에게 문제가 있다면, 자신도 어느정도 문제가 있는 것이다. 그러므로 타인을 통해서 자신을 늘 반성하라.

❜ ❜ ❜

healing 91 마음이 착해도 카르마가 있는 사람에게는 악연이 맺어지게 된다. 착한 마음마저 버리고 비워서 순수한 마음을 얻으면 악연은 사라진다. 운이 안 좋을 때는 선연(善緣)도 조심하고 악연(惡緣)은 특히 더 조심해야 한다. 운이 좋아지면 악연도 많이 없어지고 선연으로 바뀌나, 자신의 마음이 탁하거나 율법과 계율을 어기면 종종 악연도 치고 들어온다.

92.

인연법의 자연스러운 흐름을 따르라. 순수한 마음은 자연스러운 인연을 알고 있다. 선연을 만나면 마음이 즐거울 수 있으나, 악연을 만나면 마음이 괴롭다. 그러므로 늘 선연의 흐름을 따르도록 마음과 에너지를 쓰라. 물론 선연보다 순수한 인연을 자연스럽게 맺어가도록 해야 한다.

93.

운명을 아는 것만으로도 어느 정도 무의식의 정화가 이루어진다. 운명을 굴리는 힘은 마음의 창조적 힘이다. 이를 영성(Spirituality)이라고 하여 숭고하고도 성스러운 힘을 말한다. 운명을 제대로 공부하면 운명에 좌우되지 않는 힘을 어느 정도 기를 수 있고, 명상 등을 통해서 영성을 공부해도 카르마를 정화하는 효험을 볼 수 있다.

, , ,

94. 쓸데없는 말이나 행동을 통해서 카르마를 일부러 짓지 않도록 해야 한다. 하지만 습관이 되거나 성격이 되어 카르마를 되풀이 하여 지으면, 카르마를 짓게 되는 그 습관과 성격이 바뀔 때까지 지속적으로 노력해야 한다. 카르마를 짓는 습관은 웬만한 좋은 운(運)이 와도 노력하지 않으면 힐링되지 않는다. 무의식과 영혼 속에 들어있는 카르마 에너지가 힐링되기 전까지는...

, , ,

95. 카르마는 중의성(重意性)을 지니고 있어, 체험하고 경험하라고 있는 것이지 인간에게 고통만을 주기 위해서 있는 것이 아니다. 충분히 체험하면

카르마도 사라진다. 물론 자신의 잘못된 행위들을 진실로 참회하고 반성하며 성찰함과 동시에 제대로 올바르게 체험했을 때…

, , ,

96. 올바른 카르마 체험이란 자신과 남들을 살리는 교훈과 감동을 얻고 진리의 메시지를 체득했을 때이다. 자신이 바뀌지 않으면 카르마 체험은 무의미하다. 카르마는 우리의 영혼을 새롭게 바꾸도록 하는 인생의 굴레이다. 이것이 카르마에 대한 긍정적 사유이다.

, , ,

97 Healing Secret

카르마가 많으면 악연(惡緣)을 만나게 된다. 운(運)이 안 좋아 불운(不運)이고 설상가상으로 카르마가 많으면 더 강한 악연(惡緣)을 만나게 된다. 이때 잘못하면 외도(外道)를 만나거나 그보다 지나쳐 사도(邪道)에

빠질 수 있다. 그러나 전생에 훌륭한 복덕도(福德道)를 다진 적이 있었다면 사도에서 구제해 주는 인연을 만날 수도 있는 것이다.

, , ,

98. 자신이 카르마가 많다는 것은 물질욕망과 집착 그리고 소유욕과 에고(Ego)가 강함을 뜻한다. 물질욕망에는 돈과 성(Sex) 등을 뜻한다. 카르마가 강한 사람일수록 카르마가 적은 사람보다 안 좋은 운(運)에서 더 극심한 어려움을 경험하게 된다.

, , ,

99. 카르마는 마음의 어두움이자 두려움이다. 자신의 마음이 어둡고 더럽기 때문에 행운(幸運)이 와도 제대로 활용하지 못하며, 불운(不運)에 빠지게 된다. 비록 마음이 깨끗한 사람에게도 불운이 오면 활동을 제대로 하지 못하게 되는데, 마음이 어두운 사람이야 불운이 오면 오죽하겠는가? 그러므로 행운을 제대로 얻고 불운을 비켜가고자 하면

마음을 순수하게 정화시켜야 한다.

100  죄(Guilt)는 죄의식을 낳는데 이는 모두 자신이 지은 카르마일 뿐 자신의 몸에서 해당 카르마 에너지가 제거되면 죄와 죄의식은 없는 것이다. 마음이 바뀌면 에너지가 바뀌고 에너지가 바뀌면 카르마는 정화된다.

101 운명은 자신이 인생을 통해서 경험해야할 카르마들을 시공간 차원에 맞추어 적시적소에 할당한다. 일이 시작되는 데도 시간과 장소 그리고 인연이 있고, 일이 끝나는 데도 시간과 장소 그리고 인연이 있는 법이다.

102. 욕망(Desire)을 의식(Consciousness)과 마음(Self)으로 자연스럽게 통제하고 정화할 수 있다면 그

리고 탁한 에너지에 휘말리지 않고 자신의 순수한 에너지를 악인의 탁한 에너지에 섞거나 탁한 소울에 빼앗기지 않는다면 삿된 카르마는 일어나지 않는다.

, , ,

103. Healing secret 하늘에서 비가 내리고, 안개가 끼고, 눈이 내리는 것 자체도 운명에 해당한다. 따라서 개인의 운명이 있고, 지역의 운명이 있고, 나라의 운명이 있으며, 지구의 운명이 있는 것이다. 시공간은 운명을 직조(織造)한다. 쉽게 말해서 시간과 장소에 따라 운명도 바뀐다.

, , ,

104.

자신의 순수한 마음, 즉 청정심(淸淨心)도 외부 인연(因緣) 에너지가 탁하면 순수함이 가려져서 자신의 순수의지와 상관없이 안 좋은 것을 보거나 듣거나 말하게 된다. 그래서 자의반 타의반 카르마를 짓게 된다. 그러므로 마음(Spirit)을 순수하게 밝히는 것과 동시에 자신의 시간과 공간을 정화하는 것이 무엇보다 중요하다.

, , ,

105. 카르마를 지으면 마음이 괴롭고 짜증이 일어난다. 그리고 카르마에도 차위(dignity)가 있는데, 머리(Soul의 지성체)가 아픈 것은 고차원 카르마에 걸린 것이고, 그리고 가슴(Soul의 감성체)이 아픈 것이 그 다음 중간차원 카르마에 걸린 것이다. 물론 몸이 심하게 아픈 것은 하위차원 카르마에 해당한다.

, , ,

106 일반적으로 인간이 큰 질병에 걸리는 과정은 처음에 영(Spirit)이 어두워지고, 그 다음 혼(Soul)이 탁해지면서 결국에는 몸(Body)까지 병들게 되버린다. 고차원 에너지인 영(Spirit)이 가려지거나 어두워지면, 중간 차원 에너지인 혼(Soul)에 카르마가 발생하고, 그 이하 하위차원의 에너지인 육

(Body)에도 카르마가 전파된다. 육체에는 허구(虛構)이자 가상(Virtual)으로 암(癌)이 발생하게 된다. 영을 정화하는 것이 육체를 치료하는 최고의 방법이다.

, , ,

107 나의 탁한 마음에서 짓는 카르마가 있고, 외부 인연의 상념(想念)이 내 마음을 치고 들어와 일으키는 카르마가 있다. 후자를 특히 인셉션(Inception)이라고 한다. 인셉션을 많이 당하면 나의 의식과 에너지가 하강(다운:Down)되고 저하된다.

, , ,

108 Healing

영(Spirit)은 카르마를 짓거나 생산하지 않는다. 일반 중생에게 있어서, 혼(Soul)은 선악(善惡)이라는 카르마를 짓는다. 선한 혼은 선한 카르마를, 악한 혼은 악한 카르마를 짓는다. 선한 혼들만으로 자신의 혼들을 구성하는 것이 혼 에너지 힐링이고, 명상의 결과이며 결과적으로 얻는 것은 정화된 소울그룹(Soul Group)이다. 깨달아서 영이 각성된 사람에게는 소울그룹이 정화되어 순수한 인연들만 만나게 된다.

, , ,

109
Healing Secret

카르마에 의한 고통과 증상은 크게 두 가지로 나뉜다. 첫째, 육체와 환경으로 드러나고 보여 지는 외면적 카르마 증세가 있고, 둘째 내면적으로 발생하는 카르마 증세로써 마음에 한(恨)으로 남거나 내면에 상처가 생기는 경우이다. 결국 몸에너지(육체)와 혼에너지(혼체)에 문제가 발생한 상태가 카르마의 증세이다. 일반적으로 카르마는 기억으로 남겨진다. 기억이 많다는 것은 카르마가 많다는 것이다. 해야 할 카르마와 불필요한 카르마가 혼잡된 체로...

, , ,

Healing Secret

110. 내가 카르마를 받는 것에도 명백한 이유가 있고

뜻이 있고 나의 역할(Role)에 의거해서 받는다. 카르마를 정화하는 힘이 생기면 그 만큼 내공과 마음의 힘(心力)이 커진다.

, , ,

111. 순수한 인연(因緣) 사이에서 발생하는 카르마는 선연이나 악연과 맺어진 카르마 보다 가볍다. 따라서 애정관계도 선연이나 악연 보다는 순수한 인연과 관계를 맺는 게 중요하다. 물론 상대가 나보다 더 순수해야 문제가 없다. 예로부터 자신보다 나은 사람을 사귀라는 것은 다 뜻있는 가르침이다.

, , ,

112. 사주명리에서 십신(十神)이라고 하는 10가지 유형의 소울 에너지가 있다. 이 10가지 소울 에너지는 10가지 시험을 뜻하는 동시에 10가지 카르마를 의미한다. 예를 들어, 친구와 형제, 재능과 자식, 처와 남편, 돈과 직장, 건강과 수명, 명예와 인

기 등등의 카르마이자 시험을 뜻한다. 이 시험은 인연법으로 오고 시험에 통과하면 각 사주의 십신에 해당하는 소울 에너지들은 정화되어 온전한 소울그룹을 형성한다.

113.

카르마를 받는 이유를 분명하고 명확하게 성찰하고 사색해 내면 그 카르마가 사라지곤 한다. 또한 세 분의 순수한 지인(知人:힐링 공부가 많이 된 순수한 인연)들에게 자신의 잘못을 고백하고 참회하면 죄는 순수함의 정도에 따라 어느 정도에서 상당히 사라진다.

114. 불량한 TV화면이나 나쁜 인터넷 장면을 보거나 안 좋은 소리와 목소리를 들었을 때, 그것이 마음에 상(이미지)으로 남겨진다면 이는 카르마가 된 것이다. 그것도 자신이 원인이 돼서 만든 것이므로 자신의 불찰(不察:살피지 못함)로 생각하고 성찰하고 반성(反省)할 필요가 있다.

” ” ”

115. 운이 좋을 때는 양에너지를 활성화해서 활동하고 펼치고 베풀어야하고 드러내야 한다. 운이 나쁠 때 마음의 체(體)를 정화하고 굳건히 하며 운이 좋을 때 마음의 용(用)을 펼쳐서 이로움을 사람들에게 베풀 필요가 있다. 운이 좋을 때 일수록 조심하고 신중해야 한다. 운 나쁠 때는 말할 것도 없이...

” ” ”

116 내가 나 자신을 괴롭혀도 그 괴롭힌 부분이 나를 다시 원망하고 반항한다. 예를 들어, 자신의 왼쪽 머리를 괴롭히거나 자해하면 삶을 살아가는데 수리적 판단과 계산적 이치를 하는데 어려움이 따른다. 장애가 발생한다. 자신의 몸과 마음(Soul)을 자학하거나 학대하지 말고, 몸과 마음을 아끼고 사랑할 줄 알아야 한다.

117. 복덕(福德)을 쌓아야 도(道)의 힘과 에너지로 악한 카르마(Bad Karma)를 정화할 수 있다. 복(福)은 3차원 에너지이고, 덕(德)은 4차원 에너지에 속한다. 복이 있어야 덕을 이루고, 덕이 있어야 도를 이룬다. 도(道)는 5차원 에너지에 속한다. 상위차원 에너지로 중간차원의 에너지를 치유하고, 중간차원의 에너지로 하위차원의 에너지를 치유한다. 이는 신성기하의 일종인 '피라미드 힐링 메소드(Pyramid Healing Method)'를 뜻한다.

, , ,

118. 적에게 카르마라는 빚을 갚아야 깨달음이 온다. 여기서 적이란 탁한 에너지를 지닌 사람들을 말한다. 내 몸에 탁한 에너지가 있으면 그 만큼 적에게 갚아야 할 빚이 있는 것이다. 이 탁한 에너지가 다 소비되어야 빚이 없어진다. 순수한 마음과 에너지로 탁한 에너지를 정화하는 것이 빚을 갚는 길이다. 팔정도(八正道)는 바로 빚을 갚기 위한 최선책에 해당한다.

Healing Secret

119. 운(運)이 안 좋아지면 좋은 사람도 안 좋은 인연(因緣)으로 바뀐다. 특히 어떤 계기나 사건을 통해서 좋은 인연이 안 좋은 인연으로 바뀌게 된다. 운이 나쁠 때는 하늘의 시험이 주어지고, 그 시험을 통과해야 나쁜 운을 피할 수 있다. 전생의 악한 카르마가 작용하기 때문이다. 악업(惡業)이라고 하는 악한 카르마는 흉운(凶運)을 통해서 드러난다.

, , ,

120 Healing

운이 길(吉)하게 되면 나쁜 인연도 좋은 인연으로 바뀐다. 그리고 나쁜 인연을 용기있게 자르거나 잘 정리할 수 있는 기회와 사건이 발생하게 된다. 물론 너무 나빴던 악연은 자연스럽게 헤어지게 된다. 상대방이 인연을 끊거나 연락을 하지 않고 만나지 않으려 하게 된다. 좋은 운(運)에서는 악연을 끊을 수 있는 힘과 기회가 주어지고, 또는 악연을 선연(善緣)으로 바꿀 수 있는 기회가 주어진다. 사주명리학자나 어스트럴로저 그리고 타로카드 마스터는 이러한 운의 성향과 특성을 정확하게 숙지하여 내담자에 대한 올바른 상담과 조언을 해주어야 한다.

121. 운이 좋아도 노력하지 않으면 소용이 없다. 더 중요한 것은 운보다 마음이다. 마음(心)이 운(運)보다 더 중요하다는 사실이다. 여기서 마음은 순수한 마인드를 말하며 운(運)은 시공간 세속적 에너지를 말한다. 순수함의 힘은 세속적 힘을 능가하고 초월한다. 물론 순수한 마음의 에너지는 수많은 인내와 노력 그리고 팔정도(八正道)에 입각한 삶을 살아야 체득할 수 있는 경지이다.

122. 운이 좋아진다고 나쁜 인연이 좋은 인연으로 무조건 바뀌어 지는 것은 아니다. 내 마음에서 나쁜 인연을 용서해주고 수용해 주는 아량과 너그러움이 있어야 한다. 물론 상대방이 반성하고 나에게

용서를 구하거나 내가 상대방이 나에게 섭섭하게 하거나 잘못한 점과 상대방으로부터 받은 아쉬웠던 점을 이야기하고 그것을 그(녀)가 인정함과 동시에 내가 그(녀)를 용서해 줌으로써 좋은 인연으로 갈 수 있는 것이다. 운명은 주변 환경일 뿐 최종적인 것은 바로 우리의 순수한 마음에서 결정하는 것이다. 그래서 예로부터 순수한 마음을 심왕(心王)이라고 한 것이다.

, , ,

☆123☆ 순수한 마음으로 우리의 의식과 무의식에 해당하는 운명을 어느 정도 부릴 수 있을 때 공부가 높아지는 것이다. 그렇다고 운명을 거부하거나 운명을 악용하거나 하라는 것이 아니다. 운명의 순리를 올바르게 이해하고 깨달아 운명을 알고 순수한 마음으로 바른 정도(正道)를 걸어가라는 것이다. 카르마가 많은 사람은 운명의 힘을 거스르기가 힘들다. 그리고 카르마가 많은 사람들 중에서 악한 카르마가 많은 사람은 운명의 힘을 쉽게 극복하거나 지나치기가 어렵다. 중요한 것은 운명

의 힘을 넘어서려면 자신의 고행과 역경을 슬기로운 마음으로 잘 소화해야 한다. 지혜로 와야 악한 카르마를 이겨낼 수 있고, 흉(凶)한 운명을 견디거나 넘어 설 수 있다.

, , ,

124. 운명을 이겨내기 위해서는 참된 자아(Spirit)에 대한 철두철미한 깨달음과 사랑이 있어야할 것이다. 자신을 사랑하고 자신을 이기지 못하고서는 운명을 이겨낼 수 없다. 일반적으로 운명은 선한 카르마와 악한 카르마의 결합이다. 그러므로 좋든 싫든 인생의 희로애락을 살아가면서 운명대로 경험하게 되어 있다. 특히 자신의 몸과 혼 그리고 영을 아끼고 보살피고 사랑하지 않고서는, 즉 자신과 인연된 물질, 정신, 영성에너지를 소중히 생각하지 않고서는 좋은 운명을 원하는 것은 어리석음이다. 자신과 주변 인연(因緣)들에게 잘하는 것이 운명(運命)을 바꾸는 최고의 비결이다.

, , ,

125 Healing Secret

운명을 이기지 못한다면 운명을 사랑하는 방법이 있다. 그렇다고 운명에 집착하거나 운명에 모든 것을 맡기는 것은 위험하다. 운명을 사랑한다는 것은 있는 그대로 진솔하게 운명을 받아들이고 운명이 주는 가르침과 인생을 통해 경험과 지혜를 연마하는 것이다. 운명애(運命愛)란 운명과 온전히, 친근하게 하나가 되는 것이다. 물론 올바른 의미에서 하나가 되는 것을 뜻한다. 나의 몸(육체)과 마음(정신)이 운명과 하나가 되는 것을 말한다. 이는 자신의 사주명조를 공부하여 사주팔자가 어떻게 구성되어 있고 어떻게 운이 오고 가는지를 올바르게 공부한 후, 그 운명의 순리를 잘 받아들이면서 지혜롭게 살아가는 것을 뜻한다. 운명을 알아야 피할 것은 피하고, 버릴 것은 버리고, 받아들인 것은 받아들이고 얻을 것은 얻게 된다.

, , ,

Upgrade 126. 한편으로 운명이란 생명에너지 관리 시스템이다.

운(運)은 동적인 힘(Dynamic Power)을 뜻한다. 이

는 변화의 힘이다. 운명(運命)은 삶(인생)이자 생명으로 흐름을 따르고, 흐름은 순환(Circulation)과 주기(Cycle)로 나뉜다. 순환이란 피가 몸을 한 바퀴 돌아서 되돌아오는 것과 같은 일종의 에너지 흐름을 뜻한다. 주기란 특정 기간 안에 한 바퀴 에너지가 공간을 순환하는 시간을 뜻한다.

, , ,

127 Healing Secret

운명이란 몸에 관한 이해와 자신이 살아가는 인생의 길이고, 인생에 대한 사랑과 깨달음이다. 운동은 운명을 바꿀 수 있다. 몸은 3차원 에너지로서 물질계 차원을 주관한다. 운명은 세속적 에너지로서 하위차원의 세상 사람들의 희로애락을 주관한다. 몸을 아끼고 보살피고 사랑하는 것이 운명을 바꾸는 방법이다. 몸을 사랑하기 위해서는 육식을 조심하고 술이나 담배도 삼가야 한다.

, , ,

Healing Secret

128. 자신의 운명은 자신이 창조한 것이다. 물론 공업

(共業)으로 다른 인연(因緣)들과 함께 만들어 가는 부분도 있다. 사람의 수준과 차원에 따라 운명은 복잡하기도 하고 단순하기도 하다. 하위 차원에서 운명은 복잡하고 상위 차원으로 갈수록 운명은 단순해진다.

129  운(運)이 안 좋아도 배움을 늦추지 말라. 운이 안 좋을 때 배우는 것이 더 많을 수 있다. 특히 사주명리학에서 편관운이 들어올 때, 또는 점성술에서 토성(Saturn)의 영향과 움직임에 의해 인생 공부를 많이 하게 된다.

130. 행운(幸運)의 기간과 불운의 기간이 자신에게 언제 찾아오는지 역술가와 타로 카운슬러에게 자문을 구할 필요가 있다. 불운과 행운을 정확하게 알고 미래를 대비하는 자세도 유비무환(有備無患)의 정신으로 필요한 것이다. 행운의 시기에는 무엇을

하면서 지내면 좋으며, 불운의 시기에는 어떻게 지내야 하는지 알고 있어야 한다. 그러나 행운보다 노력과 배움이 더 중요함을 인지해야 한다.

, , ,

131. 운명은 있다. 그러나 운명에 맹신해서는 안 된다. 카르마가 많은 사람들은 운명의 영향을 강하게 받는다. 그리고 체감 강도가 카르마가 적은 사람들보다 강하다. 자존감이 약한 사람에게도 운명의 영향은 강하게 느껴진다. 따라서 운명을 헤쳐나가기 위해서는 카르마를 정화하고 자존감을 높이는 것이 요구된다.

, , ,

132. 시간과 공간을 아끼고 소중히 생각하며 잘 활용하는 것이 운명(運命)을 사랑하는 길이며, 운명을 바꾸는 길이다. 시간과 공간을 잘 다스리는 능력자가 운명의 마스터이다.

, , ,

133.
운이 나쁠 때 빚을 너무 많이 지면 운이 좋아져도 그 빚 때문에 힘들 수 있다. 그러므로 운이 나쁠 때 너무 지나치게 추락해도 안 된다. 그러나 운이 좋아지면 마음의 부담은 운 나쁠 때보다 덜 느껴진다. 운이 좋아지면 과거 빚에 대한 체감부담이 덜어진다. 운이 좋을 때는 과거에 빚졌던 사람에게 빚을 갚을 수 있는 기회가 주어진다. 운이 나쁠 때는 신세를 지게 되고 빚을 지게 된다.

134 Healing

운이 좋으면 정신의 방향성을 올바르게 지향하고, 환경과 인연이 좋게 형성된다. 운이 좋다는 것은 인연이 나에게 좋게 작용한다는 것이다. 물론 운에 따라 나쁜 인연도 올 수 있다. 그러나 마음을 밝히는 공부를 통해서 5차원 영성에너지가 내면에 갖추어지면 순수한 사람들과 사물들에 인연 맺어지게 된다. 운명은 인연으로 나타나기도 한다.

135 명(命)을 잘 다스리는 능력이 바로 성공으로 가는 길이다. 명(命)을 잘 다스린다는 것은 인연(因緣)을 잘 다스린다는 것이다. 이는 나에게 닥친 사건과 상황을 잘 헤아려서 카르마를 정화하고 교훈과 메시지를 배움을 뜻한다. 이렇게 될 때 선연(善緣)은 순수한 인연으로 바뀌고 악연(惡緣)은 사라지게 된다.

, , ,

136. 하늘은 운명을 극복하도록 우리에게 끝없이 기회를 주신다. 또한 운명은 극복하라고 또는 극복하도록 설계된 것이다. 내가 세상에 태어나기 전 나의 운명은 내가 설계한 것이다. 몸이 불구라고 정신이 모자라다고 인생을 포기해서는 안 된다. 운명이 우리에게 더 가혹하게 다가올수록 운명을 정확하게 이해하고 결연하게 대처할 필요가 있다. 성난 운명에 대해서는 겸허하게 순응하기도 하고, 순풍을 불어다 주는 운명에 대해서는 용기있게 도전하기도 하는 바다의 선장처럼 지혜로울 필요가 있는 것이다.

137. 명(命)을 지배하는 자는 공간을 다스리고, 운(運)을 지배하는 자는 시간을 다스린다. 운명은 생명(生命)과 사물을 움직이는 힘(Power)이다. 사전적 의미로는 “인간을 포함한 모든 것을 지배하는 초인간적인 힘. 또는 그것에 의하여 이미 정하여져 있는 목숨이나 처지”를 뜻한다. 따라서 살아있는 생명체건 무생물체건 삼라만상은 자신의 삶과 운명이 있는 것이다. 인간은 특히 만물의 영장으로써 운명에 지대한 관심을 가지고 있다. 동양의 사주명리학(사주팔자)과 서양의 아스트럴로지(점성술)는 운명에 관한 기예(Art)이고 동양의 주역(I Ching)은 동양점술이며 타로카드는 서양의 점술이다. 시공간을 각각 수직과 수평으로 십자가를 그리면서 직조한다면, 이들은 점술과 운명으로 크로스되어 있는 상태이다. 운명은 한 개인의 매트릭스를 구조화한다. 지구의 60억 인구의 매트릭스가 거대한 집단 매트릭스(Group Matrix)를 이루고 이들에 의해 지구의 운명을 직조한다.

” ” ”

138
Healing Secret

운명은 세상에서 진선미(眞善美)대로 진실되고 선하고 아름다운 인생을 살아가는 법을 배우는 것이고, 깨달음은 세상을 초월하여 고통과 번뇌로부터 벗어나는 법을 아는 것이다. 그러므로 세속에서 진선미대로 산 사람과 세속에 초연하게 깨달음을 얻은 자는 연극의 주인공인가와 아니면 연극무대에서 벗어나 자유로운 방랑자(Vagabond)인가로 구분될 수 있다. 어느 것이 더 큰 성취인가는 자유의 참의미를 깨우치게 되면 알게 될 것이다.

, , ,

139
Healing Secret

올바른 의미에서 자신의 몸을 아끼고 사랑하고 자신의 몸에 투자하는 것도 복을 짓는 것이요, 자신의 정신을 아끼고 사랑하고 자신의 정신에 투자하는 것도 덕을 쌓는 것이요, 자신의 영을 아끼고 사랑하고 자신의 영에 투자하는 것이 도를 닦는 것이다. 운명을 업그레이드시키는 비결은 복(福)을 짓고 덕(德)을 쌓고 도(道)를 닦는 것이다.

140. 운이 좋은 사람과 실력이 좋은 사람들을 주변에 많이 두어야 자신에게 도움이 된다. 반면 운이 안 좋은 사람을 많이 주변에 두면 나의 운도 깎인다. 그러므로 되도록 관상(觀相)이 좋거나 3·4·5 차원의 에너지들이 많고 운(運)이 좋은 사람과 친하게 지내야 한다. 자신의 마음속에서 운 좋은 사람을 원하고 순수한 사람을 만나기를 원하면 자신의 순수성 정도에 따라 그렇게 인연이 맺어지게 된다.

healing 141. 카르마란 부정적 마음이며, 기분 나쁘고 거북한 마음이다. 탁한 마음과 탁한 에너지를 카르마라고 한다. 카르마는 자신을 가리고 드러나지 않으려고 하기 때문에 카르마가 많은 사람은 힐링이 어렵다. 지식 카르마가 많은 사람의 경우, 지식 카르마가 많음을 지적해도 그는 인정하지 않으려고 한다. 가장 카르마를 힐링 하기 어려운 것은 자신에게 무엇이 문제이고 무엇이 잘못되었는지 모른다는 데 있다. 자신이 문제가 없다고 고집하는 한, 힐링은 되지 않는다.

, , ,

142. 타인과의 카르마가 있으면 나와 타인 간의 관계에 문제가 발생한다. 카르마는 부정적 에너지의 부정적 작용이다. 부정적 에너지는 주로 저급 욕망(성욕, 욕심, 애착, 탐닉 등등)에 의해 만들어 진다. 따라서 서로 간에 지켜야할 도리를 잘 지키는 것이 필요하다.

, , ,

143. 운명이란 인생의 길이다. 인간이 살아가면서 걸어가야 할 길이다. 운명이 좋다는 것은 운(運)이 좋다는 것과 명(命)이 좋다는 것 두 가지로 나뉜다. 명(命)은 그 사람의 됨됨이를 말하고, 운(運)은 그 사람이 걸어가야 할 길의 순조로움과 순조롭지 못함을 뜻한다. 명(命)이 좋다는 것은 그 사람의 몸이 건강하고 조화로운 균형을 유지한다는

뜻이다. 운(運)이 길(吉)하다는 것은 그 사람이 걸어가야 할 인생길이 잘 설계되어 있다는 것이다.

" " "

144 명(命)이 나쁜 사람의 경우, 성격이 안 좋고 몸에 질병이 많고, 친척 등 인연법이 안 좋고 불행하다. 주변으로부터 복(福)이나 덕(德)을 못 받는 사람이다. 반면 명(命)이 좋은 사람의 경우, 성격도 좋고 몸에 질병이 많지 않으며 있어도 그 사람에게 정신적 각성을 일으키는 방향으로 좋게 작용한다. 또한 친척 등 지인(知人)들의 인연법이 좋아 주변으로부터 복이나 덕을 받게 된다.

" " "

145. Healing secret 운(運)이 길(吉)한 사람은 인생길이 진리와 선함 그리고 아름다움을 배울 수 있는 순간들로 채워진다. 인생의 참 멋을 배울 수 있는 기회가 주어진다. 멋진 인생을 살 수 있는 인생길이 열린다. 하지만 운이 흉(凶)한 사람은 인생길이 어둠과 두

려움 그리고 불신과 회의 등 암울한 에너지를 경험하는 순간들로만 채워진다. 인생의 쓰디쓴 맛을 보게 된다. 운이 나쁜 사람은 특히 내면성찰과 명상 등을 통해서 정신적이고 영적인 세계를 추구하면서 살아가야 할 것이다. 일반적으로 종교적 귀의가 필요하다.

, , ,

146. upgrade 인간에는 복덕(福德)이 있어야, 삶을 행복하고 건강하게 살 수 있다. 복이란 바로 물질적인 에너지를 뜻한다. 크게 다섯 가지가 있는데, 첫째 건강과 수명, 둘째 자신의 능력을 발휘하는 재능(기술), 셋째, 재물(여자에게는 남편/남자에게는 부인 포함), 넷째 관직과 권력, 다섯째 명예와 인기(입신양명)가 그것들이다. 강조하는 바, 오복(五福)은 다섯 가지 물질 에너지를 뜻한다.

, , ,

Healing Secret

147. 도(道)가 밝은 사람도 덕(德)이 부족할 수 있고,

덕이 큰 사람도 도에 어두울 수 있다. 또한 덕이 높은 사람도 복이 부족할 수 있고, 복(福)이 많은 사람은 덕이 낮을 수 있다. 물론 도가 밝은 사람이 복이 부족할 수 있고, 복이 많은 사람이 도에 어두울 수 있다. 도와 덕과 복은 사람에 따라 하나가 되기도 하고 분리되기도 한다. 물론 도의 밝음이 덕의 높음보다 훌륭하고 덕의 높음이 복의 많음보다 훌륭한 법이다.

148 복을 짓는다는 것은 인연법을 선하게 잘 만들어 나감을 뜻한다. 복은 물질적 차원의 에너지를 뜻한다. 행복(幸福)하다는 이야기는 물질적으로 좋다는 것이다. 부유하고 풍요로운 물질 에너지를 즐기고 향유할 때를 말한다. 자신에게 필요한 복을 누리되 복이 남을 경우, 즉 자신에게 필요한 만큼 가진 물질 에너지를 쓰되, 남는 물질적 복을 때에 맞고 장소에 맞추어 필요할 경우 인연된 지인(知人)에게 나누어 줄 수 있다. 즉 올바른 자비를 말하는 것이다.

149 한 개인에게 있어서 명(命)의 구조와 운(運)의 흐름은 자유의지의 선택과 결정에 영향을 준다. 명의 구조가 안 좋을 경우 고집이나 나약으로 작용하고 운의 흐름이 안 좋을 경우, 자신의 의지보다는 남의 의지에 영향을 많이 받는다.

, , ,

150 Healing

명(命)이 안 좋으면 타협해야할 때 타협을 안 하거나, 타협하지 말아야 할 때 타협한다. 또한 싸워야할 때 싸우지 않거나, 싸우지 말아야할 때 싸우게 된다. 물론 명(命)이 안 좋게 짜여 있어도 운이 좋으면 명(命)의 단점과 문제를 잘 해결해 준다. 더 나아가 심(心)으로 운명을 다스릴 수 있으면 자신의 운명에 본래 가지고 있던 결함과 문제를 잘 극복하고 해결 할 수 있게 된다.

, , ,

151. Healing secret 타인이 순수한 사람일 경우, 그들의 오복(五福)을 지켜주거나 도와주는 것을 물질적 복을 짓는

다고 말한다. 그들의 정신(감성과 지성)을 지켜주거나 도와주는 것을 정신적 덕을 쌓는다고 말한다. 더 나아가 그들의 영성을 지켜주거나 영성이 향상되도록 도와주거나 이끌어 주는 것을 영적인 도를 닦는다고 말한다. 따라서 도닦는 것은 혼자서도 해야 하지만(獨行), 함께 닦아 나가는 것(共行)도 필요하다.

, , ,

152  선(善)한 인연과 순수한 인연과의 구별은 내 마음에서 상대방에 대해 좋게 생각하는 마음이나 감정이 들면 그것은 선한 인연이고, 내 마음에서 상대방에 대해 아무 마음이 느껴지지 않고 편안하게 느껴지면 순수한 인연이다. 순수한 인연은 물처럼 깨끗하고, 선한 인연은 상대방을 생각하면 기쁨이 일어난다. 물같이 담담하고 맑은 인연은 순수 인연이고, 꿀같이 달달하고 자주 좋게 생각나게 하는 인연은 선한 인연이다. 달달한 인연은 언젠가 상황이 안 좋아지거나 시공간의 변화에 따라 찜찜한 인연으로 변질 될 수 있다.

153. 물질적 복보다 정신적 덕이 더 수승하고 정신적 덕보다 영적인 도가 더 수승하다. 물질에너지를 제공하는 복보다 정신 에너지를 제공하는 덕이 더 중요하고, 정신 에너지를 제공하는 복보다 영적인 에너지를 제공하는 도가 더 중요하기도 하다. 물론 복이 있어야 덕이 있는 것이고, 덕이 있어야 도가 있는 것이다. 21세기 현대인들에게는 이 셋 중에 어느 하나 중요하지 않은 것은 없는 것이다.

154. 중요한 것은 복을 짓고 덕을 쌓는 마음의 자세(心法)이다. 주는 사람의 마음이 악하면 안 되고, 선해야 하나 선한 것보다는 순수한 것이 더 중요하다. 순수한 마음으로 주는 것은 주었다는 생각을 내지 않고 내가 주었다는 마음도 내지 않은 상태로 주는 것을 말한다. 주고 잊어버리는 마음자세가 필요하다. 준 것에 대해서 집착하지 않고 순

수하게 놓아버리고 비우면 그것이 순수하게 복을 짓게 되는 것이다. 덕(德)과 도(道)에 대해서도 마찬가지다. 복과 덕과 도의 거래법을 강조하는 이유는 인간 세상에서 사람들 간에 물질과 에너지 교류가 빈번하게 교류되기 때문이다.

Healing Secret

155. 복을 짓는 데에는 첫째, 주는 자의 마음자세와 둘째, 주고받는 내용과 물건(Item) 그리고 셋째 받는 자의 마음자세가 중요하다. 어느 하나가 잘못되도 문제가 생긴다. 특히 두 가지 이상 문제가 되면(안 좋은 마음으로 안 좋은 내용이나 물건을 주고받으면) 복이 아니라 복을 까먹게 되거나 죄가 되기도 한다. 참고로, 복과 덕을 짓고 쌓는 행위는 카르마를 정화하는 것이 아니라, 악한 카르마를 선한 카르마로 변환시키거나 또는 새로이 선한 카르마를 만드는 것이다. 한편 도를 닦아야 선한 카르마와 악한 카르마를 정화할 수 있다.

156.
남녀가 양다리를 하는 것은 물질을 잘못 공유하고 있다는 뜻이다. 양다리는 그릇된 자비로써 물질 에너지를 주어서는 안 되는 사람(들)에게 주었기 때문이다. 불륜은 성(Sex)에너지와 물질 에너지를 제대로 관리하지 못해서 일어나는 현상이다. 일심(一心)으로 에너지를 공유하지 않도록 해야 한다. 그릇된 자비를 삼가야 한다.

, , ,

157. 덕(德)이란 정신적인 행운 또는 길(吉)한 정신에너지를 뜻한다. 마음을 평안하게 하는 글이나 심법(心法)을 몸소 보여주어 전하는 가르침이 덕인 것이다. 자신이 좋은 명언(明言)이나 소중한 가르침을 마음으로 새기어 잘 따르고 행하면 그만큼 덕이 생긴다. 그리고 남에게 좋은 가르침이나 말을 남의 마음이 감동하고 감명 받게 잘 전하면 덕이 된다. 물론 남에게 좋은 가르침이나 말을 전해 듣고 여러분의 마음이 순수해지고 그에게 감사하

는 마음을 가지면 그것으로도 덕이 된다.

, , ,

158. 동적인 복(Dynamic 福)이 있다. 정해진 복이 있고, 인생을 살면서 운에 따라 덕을 함양하여 동적으로 늘이는 복이 있다. 덕이 있어야 복이 오고, 복이 있어야 덕을 쌓을 수 있다. 남에게 정신적 가르침을 주는 덕도 중요하고, 남에게 물질적인 재화를 제공하는 복도 필요하다. 그러나 복도 중요하지만 덕이 더 중요하다. 말 한마디에 천냥 빚을 갚는다는 말처럼, 한 구절의 소중한 가르침이 수천억의 금은보화보다 더 중요할 때가 있다. 본질은 마음을 정화하는데 있다.

, , ,

healing secret

159. 같은 사람의 동일한 질문에 대해서도 상담자에 따라, 장소에 따라 그리고 시간에 따라 다르게 점단(占斷)이 나온다. 상담자의 복덕도(福德道)에 따라, 장소의 에너지, 시간의 에너지에 따라 점단(占

斷:점쳐서 나온 결과)과 점사(占辭:점친 결과에 대한 해석)가 달라진다. 참고로, 점단과 점사는 3·4·5 차원 에너지의 순간적 결합인 것이다.

, , ,

Upgrade 160. 잘못된 가르침을 전하는 것은 덕을 까먹는 일이요, 올바른 가르침을 전하는 것은 덕을 쌓는 것이다. 덕을 쌓는 것이 복을 짓는 것보다 더 중요하다. 그리고 어느 정도 복도 지어야 미래에 복을 받게 된다. 복덕의 균형이 정신적 행운과 물질적 행운을 균형있게 받는 길이다.

, , ,

161 자신이 이 번 생에 아무리 나쁜 짓을 해도 전생에 선근복덕을 지었다면 선연과 선인이 찾아와 자신이 지은 악을 받아주고 우리 자신의 악한 행위에 대해 조언해 주어 악이 자라는 것을 막아 준다. 물론 우리 자신이 이를 깨닫지 못하면 선연도 돕는데 한계를 갖게 된다. 참고로, 나쁜 짓을 해도 잘 사

는 사람은 다 그만한 전생에 지은 복덕이 있기 때문이다.

, , ,

healing 162. 겉으로 드러내 쌓은 명덕(明德)은 복을 직접 받는다. 남들이 보이지 않게 남몰래 쌓은 음덕(陰德)은 복을 나중에 자신이 받거나 후손이 받는다.

, , ,

163 Healing Secret

복을 짓지 않으면 죄를 짓을 수 있으며, 복을 짓지 않으면 죄를 짓지 않는다 하여도 복을 까먹게 된다. 우리는 복(福)이라는 물질에너지의 성질과 성향을 잘 이해하고 깨달아야 한다. 물질을 지나치게 분수 이상 많이 소유해도 안 되고, 너무 없어도 안 된다. 자신이 다스릴 수 있는 한도에서 자신이 부족하지 않은 정도는 있어야 한다. 자신의 능력 이상 많이 갖는 것도 절제 부족이요, 자신의 능력 이하로 적게 갖는 것도 절제 부족이다. 물론 지나침이 모자람만 못하다.

164. 의식과 에너지가 낮으면 외부인연이 나의 몸과 마음에 에너지와 의식을 넣어 인셉션(Inception)하므로 내 의식과 에너지 밖으로 향하게 되는 일이 발생한다. 그러므로 의식과 에너지가 낮을 때는 자신의 몸과 마음을 조심하고 외부 인연을 특히 주의해야 한다. 마음이 불안하고 몸이 안 좋을 때는 집에서 쉬는게 요구된다.

, , ,

165. 인생은 선택도 중요하지만 선택한 운명을 통해서 교훈과 인생 메시지를 배우는게 중요하다. 차원별 법칙과 규범이 있다. 하위 차원에서는 운명을 순응하는 법을 배워야 하고 중상위 차원으로 갈수록 운명을 리드하고 다스리는 법을 배워야 한다. 바꾸어 말해서, 카르마가 많은 시절에는 운명의 순리(順理)를 되도록 받아들여야 하고 카르마가 정화된 시절에는 가능한 한 운명을 개척할 수 있어야 한다. 참고로, 알아도 행하지 못하고 행해도 이루지 못하는 것은 믿음과 복덕 그리고 때와 환경이 받쳐주지 않기 때문이다. 또한 차원마

다 시험이 있고 기준이 있어 그것을 넘어야 차원에서 성취를 이룰 수 있다. 한 차원의 성취는 전 차원의 성취를 의미하고 전 차원의 성취와 조화를 이루게 되어 있다.

" " "

166. 인생의 선택은 운명을 창조하지만, 운명이 인생의 선택을 이끌고 있다는 것도 알아야 한다. 인생의 선택과 운명의 길은 항상 서로가 서로에게 영향을 주거나 받는다. 카르마가 많고 의지가 약한 사람의 경우는 특히 그러하다. 반대로 카르마가 적고 의지가 강한 사람의 경우는 보다 자유롭게 운명을 창조하고 다스릴 수 있는 힘이 있다.

" " "

167. 

3차원 물질적 거래법과 4차원 정신적 거래법 그리고 5차원 영적인 거래법이 잘못된 사람과는 인연을 맺지 말고 맺었다면 빨리 끊도록 해야 한다. 안 좋은 거래법을 쓰는 인연이 있다면 자신의 마음에서 현재의 인연들 중 순수한 인연에게 3·4·5 차원 거래법에 잘못이 있거나 실수 했는지 되살펴 보아야 한다.

, , ,

168 Healing

인생은 고정된 운명이 있고, 변화 가능한(선택 가능한) 운명이 있다. 카르마가 많을수록 운명은 바꾸기 어렵고, 카르마가 정화된 사람일수록 운명은 자유의지를 통해 어느 정도 변화 가능하다. 카르마를 많이 정화한 사람의 운명은 선택 가능한 인생경로(Life Path)가 더 다양하고 많다. 인생을 살아가는 경우의 수인 가능성의 트리(Tree of Possibility)가 더 넓다.

, , ,

Upgrade

169. 세상사와 인간들에게 순환되는 에너지에는 크게 눈에 보이는 물건을 제공하는 물질적 복 에너지에서부터 눈에 보이지는 않지만 존재하는 감성과 지성의 정신적 에너지, 그리고 더 나아가서 눈에

보이지도 않고 존재함과 존재하지도 않음을 초월해 있는 영성 에너지로 3가지가 있다.

, , ,

170. 인생 문제를 해결하는 지혜만이 운명을 온전히 이해하게 된다. 인생을 살면서 문제를 푼다는 것은 카르마의 정화를 의미하고, 운명을 통한 배움과 깨우침을 뜻한다. 어떤 이는 좋은 운일 때 많은 것을 배우고 어떤 이는 안 좋은 운에서 많은 것을 배우기도 한다. 그러나 운(運)이 안 좋을 때 배우는 교훈이 영혼에 보다 깊이 각인되고 체화된다.

, , ,

171. 고차원 질문자의 질문에 대해서는 고차원 의식을 지닌 상담자와 고차원 시공간 에너지가 흐르는 곳에서 상담해야 적중률 높고 훌륭한 답을 얻을 수 있다. 물질에너지에 대한 저차원 현실적 질문자의 물음에 대해서는 중하위 차원의 의식과

경험을 지닌 현실적 상담자 그리고 중하위 차원의 물질에너지가 흐르는 시공간에서 정답을 찾을 수 있다. 쉽게 말해서 영적 물음을 구하려면 영적 에너지가 있는 곳에서 답을 찾아야 하고, 정신적 물음을 구하려면 정신적 에너지가 있는 곳에서 답을 찾아야 하며, 물질적이고 현실적인 물음을 구하려면 물질적 에너지가 있는 곳에서 답을 찾아야 원하는 답을 구할 수 있다.

, , ,

healing secret

172. 자신도 중요하지만 필요할 경우 인연된 사람들이 판단(4차원 정신에너지)을 잘하도록 도와주라. 인연들의 의식이 상승하면 내 의식도 동반 상승되며, 내 의식이 상승되면 인연된 사람들의 의식을 상승시키기도 한다. 특히 소울 메이트(Soul Mate)나 소울 그룹(Soul Group)의 인연들은 나와 에너지 순환이 강하고도 온전히 이루어지고 있기 때문에 상호 의식 상승과 하강(Up& Down)에 큰 영향을 주고받는다.

173 인생을 어떻게 사느냐에 따라 어느 정도 바꿀 수 있는 운명도 바뀌고, 바꾸기 어려운 숙명도 바뀐다. 지극정성의 노력과 바른 마음을 굳건히 지키고 수양하는 것이 인생의 승리자이자 운명의 창조자인 것이다. 강조하는 바, 몸을 아끼고 사랑하면서 신성하게 사용할 때 그리고 마음(Soul)을 아끼고 사랑하면서 신성하게 활용할 때 운명도 바뀌게 된다. 잘 자고, 잘 먹고 잘 지내는 행위들이 복(福)을 부르고 명(命)을 좋게 바꾸는 단순하지만 훌륭한 비결이다.

, , ,

174. 진지한 인연은 강한 공업(共業:Shared Karma)으로 묶여 있다. 한 쪽 인연이 잘 되면 상대방도 잘 된다. 반대로 한 쪽 인연이 안 되면 상대방도 잘 안 된다. 인연이 진지하고 상호 좋은 관계라면 소울메이트(Soul Mate)가 된다.

, , ,

175. 운명은 선악(善惡)을 포괄한다. 쉽게 말해서 선과 악을 상호 관장하고 다스리며 선인(善人)과 악인(惡人) 모두에게 두루 적용된다. 선인에게도 운(運)이 있고, 악인에게도 운(運)이 있다. 선인에게도 좋은 운이 오고, 나쁜 운도 온다. 악인에게도 좋은 운이 오고, 나쁜 운이 온다. 선인은 좋은 운으로 복덕(福德)을 짓고 도(道)를 닦는데 쓴다. 즉, 육(Body)과 혼(Soul)을 훈련시키고 영(Spirit)을 밝히는데 좋은 운을 사용한다. 반대로 악인은 좋은 운이 오면 복덕을 쓰거나 사도(邪道)를 행하는데 쓴다. 그러므로 육과 혼을 수고스럽게 하지만 복은 탕진하고 악덕을 지어 사도를 행하게 됨으로써 육과 혼 그리고 영이 타락하게 된다. 노래가사에도 있는 것처럼은 꽃은 피어도 아름답기는 어려운 것이다.

, , ,

176. Healing secret 사주명리학이나 점성술은 운명을 읽는 도구이자 운명에 대한 이해를 얻기 위한 툴이지 그 이상도 그 이하도 아니다. 그러므로 운명에 집착하거나

운명만 맹신해서도 안 된다. 인생의 파란이 많고 운명에 대한 이해가 부족한 사람을 위해서 사주명리학이나 점성술을 통해 자신의 운명을 알아보는 것일 뿐이다. 그렇다고 사주명리학이나 점성술이 불필요하다는 것이 아니다. 카르마가 많고 운과 명이 안 좋은 사람들에게는 필요한 것이다. 또한 카르마가 적고 운과 명이 좋은 사람들에게도 사주명리학이나 점성술이 필요없다는 뜻은 아니다.

, , ,

177 운명의 힘은 무섭다. 특히 운에 영향을 많이 받는 사람, 인생 굴곡이 심한 사람의 경우는 운명은 있다. 하지만 운명보다는 마음과 자유의지 그리고 개척정신 및 도전정신으로 삶을 개척해 나가는 사람에게는 운명이 별로 안 맞는다. 운명을 미리 아는 것은 인생을 적극적으로 살아가는 사람에게는 별 의미가 없다. 운명을 예측해 보는 것은 인생에서 많은 좌절과 풍파가 있어 힘든 사람들을 위한 이정표이다.

178
Healing Secret

운이 좋다고 느껴질 때 열심히 일하고 많은 것을 배워라. 운명을 공부하는 사람은 세상의 진리를 깨닫고, 깨달음을 추구하는 사람은 참나(Self:Spirit)의 진리를 깨닫는다. 운명과 깨달음을 모두 추구하는 사람에게는 세상과 참나 그리고 우주가 완벽하게 하나가 됨을 알고 자신의 전 우주(영성우주와 물질우주)를 깨닫게 된다.

, , ,

Upgrade

179. 운명을 공부하면 나에게 다가오는 인연들과 사건을 알 수 있다. 운명 공부는 3·4 차원 시공간에 대한 이해를 가져다준다. 운명을 얼마나 공부했느냐에 따라 운명에 대한 이해와 깨달은 경지가 차이가 난다. 마치 깨달음이 얼마나 광오(廣澳)해 졌는지에 따라 깨달음에 대한 이해와 깨달은 경지가 차이가 나는 것처럼...

, , ,

180 게으르지 않는데도, 내가 돈을 못 벌고 있다는 것은 첫째 내가 아직 돈에 대한 물질 운이 안 왔다는 것이며, 둘째 아직 돈에 대한 물질적 준비가 안 되어 있다는 뜻이다. 마음의 준비가 되고 때가 오면 일을 하고 돈을 벌게 된다. 돈을 많이 번다고 무조건 좋은 것은 아니다. 비록 올바르게 돈을 많이 벌어도 때와 시절을 못 만나고 인연을 잘못 만나면 잘못된 곳에 돈을 써서 나쁜 카르마를 짓게 된다. 따라서 올바른 돈도 잘 유지하고 좋은데 쓰려면 시절과 인연을 잘 만나야 하며, 이를 위해서 궁극적으로 순수한 마음을 잘 지켜야 한다.

181 돈도 물질 에너지이고, 직장도 물질 에너지이며, 친구도 물질에너지 그리고 재능과 기술도 물질 에너지, 지식과 학문도 물질 에너지 더 나아가 남편과 부인이 있는 것도 물질에너지에 해당한다. 오복(五福)이 바로 정형화된 5가지 물질에너지를 뜻 한다.

182.
내가 원하는 만큼 재물을 많이 못 번다는 것은 첫째, 아직 그 정도로 벌어야 할 필요가 없다는 뜻과 둘째, 그 정도의 돈을 벌 운과 복이 없다는 뜻이다. 셋째, 지금보다 더 많은 돈을 벌면 오히려 인생 공부를 하는데 마이너스로 작용하게 되기 때문이다. 진실한 마음의 소유자라면 이 의미를 알 수 있다.

183 세월의 마음을 아는 것이, 참된 운을 아는 것이다. 그리고 세상의 흐름과 트랜드를 주시하는 것도 세상의 물질 에너지와 정신 에너지의 흐름을 통해 운(運)이 움직이고 안 움직이는 것을 깨닫는 것이다.

184. 운명을 이기는 것이 인생의 목적이다. 하지만 실패했다고 운명에 지는 것은 아니다. 운명의 의미를 성공으로 배우는 것보

다 실패로 배우는 것이 더 클 때는 성공보다 실패가 더 가치 있는 것이다. 실패보다 도전했고 깨달았다는 것이 더 소중한 것이다. 하지만 참된 운명에 대한 성취는 온전한 카르마 정화와 인생 경험 또는 교훈을 통한 가르침을 체득하는 것이요, 또한 영성을 아름답게 꽃피우는데 있다.

, , ,

185
Healing Secret

운명은 지수화풍(음양오행)의 힘이다. 지수화풍은 각각 흙, 물, 불, 공기를 뜻하며, 4대 물질 에너지를 뜻한다. 샨스크리트어로 프라크리티(Prakriti)라고 하여 인간의 몸과 세상의 물질을 구성하는 4대 에너지로서 지수화풍이라고 한다. 서양에서는 이 4가지 지수화풍 에너지를 거론하지만 동양에서는 오행(五行)으로 목화토금수 에너지를 거론한다.

, , ,

Healing Secret

186. 운명을 이겨내는 것이 마음공부인 것이다. 운명

은 마음을 정화하고 단련하여 엘릭서(Elixir)로 연금술화하도록 존재하는 카르마 시스템이다. 완전한 마음의 마스터 경지는 자신의 운명을 온전히 이해하고 깨달아 마치 자신이 운명을 창조해 가면서 살아가는 것처럼 매사에 바르고 자유롭게 살아가는 사람인 것이다.

, , ,

187 Healing

아무리 노력해도 결과적으로 성취를 하지 않으면 그는 운명을 제대로 이해하고 마스터하지 못한 것이 된다. 운명을 바꿀 수 없다면, 운명을 이해하고 깨닫는 자세가 필요하다. 운명을 바꿀 수 있다고 무조건 좋은 것은 아니다. 운명을 바꾸려는 이유는 무엇인가? 운명은 우리가 해결해야하고 도전해야할 과제이지 무조건 피하거나 벗어나야할 대상이 아니다. 운명을 바꾸려는 강한 의지가 왜 일어나는지를 보라. 선의지인가, 아니면 시대에 대한 반항이자 하늘에 대한 원망인가? 우리가 어떤 의지를 갖는가에 따라 우리의 운명은 우리를 돕기도 하고 망가뜨리기도 한다.

, , ,

188. 운명을 미리 아는 것은 운명의 어두운 마수(魔手)를 단순히 피해가려고 하는 데 있기보다는 운명을 온전히 이해하고 깨달아 운명의 가르침을 정확하게 아는 데 있다. 강조하지만 운명은 성취하라고 있는 것이다. 운명은 우리가 겪어야 하고 감당해야할 카르마이다. 이 카르마를 지혜롭게 해결하는 자세가 바로 인생의 퀘스트(Quest)인 것이다.

, , ,

189. 운명을 아는 것(미리 알아내는 것)과 운명을 겪고 경험하는 것은 별개이다. 즉, 운명을 미리 알고 있어도 운명을 제대로 대비하지 않으면 제대로 운명의 시련을 극복하거나 운명으로부터 배움을 얻지 못하게 된다. 물론 운명에 대해서 잘 모르고 있어도 용기와 따뜻한 온화함 그리고 도전 정신

을 갖춘 사람에게는 인생으로부터 보다 많은 것을 성취할 수 있다.

190. 복을 짓는다는 것은 자신에게나 타인에게 오행(목화토금수 五行 또는 지수화풍 4물질) 에너지를 잘 다스리고 건강과 균형을 유지하도록 하는 것을 뜻한다. 물론 원칙적으로 복을 짓는 것은 자신에게 짓는 것이 아니라 남에게 짓는 것을 말한다. 자신에게 복을 짓는 것은 절대적으로 기본이기 때문이다.

191.  일반적인 운명학(運命學)이나 점학(占學)에서 보자면 운명이란 좋은 운명과 나쁜 운명이 정해져 있다. 그러나 영적인 차원, 즉 고차원에서 보자면 안 좋은 운명과 좋은 운명이 단순하게 따로 있는 것이 아니다. 그러나 당사자가 운명을 잘 이해하고 깨달아 운명으로부터 무언가 배우면 운

명은 좋은 운명인 것이고, 그렇지 않고 운명을 잘 이해하지도 못하고 배운 것도 없다면 운명은 나에게 좋지 않은 운명이 되고 마는 것이다. 다만 고차원에서 보더라도 3·4차원 세계에서 누구는 잘 사는 운명이고, 누구는 잘못 산 운명은 있는 것이다.

" " "

192. 물질 에너지(돈, 직장, 인연 등)를 잘 사용하면 그 사람의 선한 마음에 따라 선한 카르마를 짓는 것이며, 물질 에너지를 잘못 사용하면 나쁜 카르마를 짓는 것이다. 영의 에너지로 이루어지는 것은 순수 카르마(신성한 사명:使命)이고 혼과 육의 에너지로 이루어지는 것은 선악 카르마이다. 3·4차원 세계는 혼과 육의 선악 카르마를 다스리며, 5차원 세계는 영의 순수 에너지를 다스린다.

" " "

193. 선연(善緣)이 갑자기 악연(惡緣)으로 돌변하는 것은 악한 정신계에 의해 인셉션 되었기 때문에

일어나는 현상이다. 이때는 그가 다시 선연으로 돌아올 때까지는 침묵과 인내로 조용히 기다려야 한다. 악연으로 변한 그와 에너지를 섞으면(말하거나 소통하면), 나 자신과 그 사람 둘 다에게 안 좋은 카르마가 발생한다. 물론 둘 다 순수한 마음이 있다면 그러한 카르마를 통해 힐링을 함으로써 새로운 경험과 새로운 의식체로 업그레이드 될 수 있다.

194. 남녀가 결혼하고자 한다. 만약 남자의 사주와 여자의 사주가 잘 맞는다면(궁합이 좋다면), 둘은 좋은 에너지 교류가 있게 될 것이다(에너지의 최종 결과는 자녀). 남자가 원하는 것을 여자가 제공하고, 여자가 원하는 것을 남자가 제공한다면, 둘 간의 물질적 에너지와 정신적 에너지 교류가 제대로 이루어지면 대부분 문제가 없다. 더 나아가 남자도 돈이나 물질보다 정신적 가치와 평안한 가정을 중시하고 여자도 돈이나 물질보다 가정의 행복과 마음의 평안을 중시한다면 결혼궁합은 좋

은 것이다. 물질 궁합과 정신 궁합 그리고 영적 궁합을 모두 고려해서 남녀의 결혼을 고려해야 한다. 물질 궁합과 정신 궁합을 넘어 마음이 서로 맞아 죽기 살기로 좋아한다면 사주팔자가 아주 나쁘지 않다면 결혼해도 좋을 것이다. 이유는 5차원 에너지가 잘 교류되기 때문이다. 순수한 마음으로 남녀가 좋아하면 3차원 에너지인 사주팔자와 4차원 에너지인 타로 점의 판단과 결정보다 더 큰 의미를 지니기 때문이다.

, , ,

healing secret

195. 선연을 만나는 길이 돈 버는 길이고, 운명을 어느 정도 때에 따라서는 상당히 따르는 것이 돈 버는 길이다. 배의 마니퓨라 차크라와 가슴의 아나하타 차크라가 막혀 일과 인연이 안 좋게 맺어지거나 올바른 일과 인연을 만나지 못하게 된다. 점성술에서 전갈자리(Scorpio) 사람은 재활용 에너지를 다스리는 능력의 소유자인데, 처녀자리(Virgo) 에너지인 토목건설업에 일하므로 돈만 날렸다. 실제로 그 당시 운(運)도 안 따라서 자신의

운명적 적성과 직업을 찾지 못해 그렇게 된 것이다. 만약 운이 좋으면 자연스럽게 자신에 맞는 운명의 직업을 얻거나 찾아가게 된다.

, , ,

196.

운명을 맺는 여신, 운명을 지키는 여신, 운명을 끊는 여신으로 운명의 3 여신이 있다. 즉 운명은 여신들이 관리하므로 운명을 이해하고 깨닫기 위해서는 보다 부드러운 자세를 지녀야 한다. 안 좋은 운명을 이겨내기 위해서는 자신의 마음을 때로는 강하고 모질게 때로는 부드럽고 여유있게 가져야 한다. 이러한 과정에서 유강(柔强)한 심법(心法)을 자연스럽게 배우는 것이다.

, , ,

197. 운명을 개척하기 위해서는, 그리고 운명을 우리 자신에게 유리하게 활용하기 위해서는 운명을 잘 이해해야 한다. 정신적인 덕목과 영적인 힘은 운명을 보다 잘 우리에게 도움이 되도록 받아들일

수 있다. 꿈보다 해몽인 것처럼, 때로는 운명을 내 편이 되도록 해석하고 긍정적으로 받아들이는 자세도 필요하다. 어렸을 때 사주팔자가 안 좋아 평생 거지로 산다는 말을 듣고, 어떤 남자아이가 실제로 그 말을 믿고 평생 백수와 실업자로 살다가 죽은 실화도 있다. 그 만큼 운명 상담은 무서운 것이다.

, , ,

198. 운이 나쁠 때는 훈련을 하는 시기이자 숨어서 몸과 마음에 약(藥)을 만들고 내공을 연마할 수 있기도 하고 또는 몹시 안 좋을 경우에는 에너지를 남에게 빼앗기거나 고갈당하고, 의식과 에너지가 저하(Down)된 상태로 멍하고 고통스럽게 살아가는 시기이기도 하다. 운이 좋을 때는 내공을 얻는 경우가 있고, 힘들 때 연마해 둔 내공을 밖으로 드러내는 시기이다. 외공발현의 시기이다.

, , ,

199 운이 나쁠 때는 쉬어야 하고 웅크려야 하고 축적해야 하고 배우고 숨겨야 한다. 운이 좋으면 선연(善緣)을 만나 인체의 차크라(에너지 센터)도 열리거나 활성화되고 마음도 편안해진다. 운이 나쁘면 악연(惡緣)을 만나 인체의 차크라도 닫히고 마음도 불편해진다. 그러나 선연(善緣)을 만나도 마음을 바르게 쓰지 못하고 노력을 하지 않으면 차크라의 개발은 멀어지게 된다. 악연(惡緣)을 만나도 마음을 바르게 쓰고 지극정성으로 노력하면 악연(惡緣)이 끝나서 선연(善緣)과 맺어질 때 차크라의 개화가 아름답게 이루어진다.

200. 영(Spirit)이 힐링되어 깨달은 사람의 경우에는 외부인연(外緣)의 파장과 에너지에 쉽게 흔들리지 않는다. 그러나 성 카르마는 조심해야 한다. 만약 성 카르마에 휘말리거나 휩싸이면 에너지가 유실되어 영의 힘이 분산된다. 인간사의 모든 문제들의 근원에는 남녀 간의 성(Sex) 카르마가 있다. 성 카르마로 인해 모든 부정 에너지와 다른 카르마

들이 생성된다. 파괴적 창조의 에너지로... 성 카르마가 나의 에너지를 악연 또는 저차원 인연으로 새어 나가게 한다.

저자와의
협의하에
인지생략

초절정 고수를 위한 운명과 힐링시크릿

2015년 11월 10일 1판 1쇄 인쇄
2015년 11월 20일 1판 1쇄 발행

저 자 • 신영호
발행자 • 이영애
발행처 • 공감북스
주 소 • 02011 서울시 중랑구 중랑천로 256 B1
전 화 • 02-971-9683
팩 스 • 02-972-9683
등 록 • 제 25100-2015-18 호
등록일 • 2015년 7월 15일
e-mail • sympathybook@naver.com
ISBN • 979-11-86898-01-7 93200

정 가 • 13,000원